這樣旅遊才像個文化人

尋訪 美文裏的美景

循著《平家物語》遊日本　　陳銘磻◎著

原書名：
我在日本尋訪《平家物語》的足跡

目錄

序言 ● 呈現悲劇美學的《平家物語の旅》　林水福 ……… 4
自序 ● 過去無始，未來無終　陳銘磻 ……… 7
卷首語（一）● 祇園精舍警世語 ……… 10
卷首語（二）● 源平之戰話始末 ……… 12
卷首語（三）● 無耳芳一の怪談 ……… 14
卷首語（四）● 平家物語大事記 ……… 18
卷首語（五）● 平家物語人物誌 ……… 20

第 1 話　　浩劫餘生廣島城
廣島城天守閣 ● 從遺憾中重生的歷史 ……… 34
廣島原爆の館 ● 過去不會永遠停留在那一刻 ……… 38
原爆和平公園 ● 和平，只是歸零的開始 ……… 42

第 2 話　　平家納經藏宮島
平家宮島淵源 ● 武士集團爭戰的《平家物語》 ……… 48
宮島口蘭陵王 ● 與源義經命運相似的蘭陵王高長恭 ……… 51
宮島又名安藝 ● 參拜，安藝守平清盛 ……… 55
武士の權滋味 ● 孤立在宮島邊陲的清盛神社 ……… 58
嚴島神社遺產 ● 嚴島神社象徵平家的守護神社 ……… 61
奉獻平家納經 ● 宮島是平家一門の心的故鄉 ……… 65
鳥居佇立海中 ● 平家の壯大與雄偉的決心 ……… 72

第 3 話　　燕返岩國錦帶橋
小次郎燕返し ● 錦帶橋畔遇見佐佐木小次郎 ……… 78

第 4 話　　門司港一門戰將
源平合戰史詩 ● 從榮華到衰敗的宿命轉折 ……… 84
屋島合戰敗北 ● 門司港迷霧中的平家 ……… 87
從屋島到門司 ● 門司港觀戰の敗者誤算 ……… 91
屋島の戰之後 ● 平家一門戰勝祈願的和布刈神社 ……… 95
帝國海軍要塞 ● 平知盛の門司城遺跡 ……… 99
門司柳の御所 ● 安德天皇御柳所 ……… 102
壇の浦合戰圖 ● 源平壇の浦合戰的悲劇 ……… 105
甲宗八幡神社 ● 一代戰將萬骨枯 ……… 108
回顧平家物語 ● 海峽平家物語展覽館 ……… 112
九州鐵道紀念 ● 九州鐵道紀念館 ……… 115
關門海峽潮流 ● 關門海峽戰鼓聲隆隆 ……… 118
關門海底隧道 ● 穿越下關到門司的歷史輪迴 ……… 121

第 5 話　下關一戰幾多愁

大歲神社祈願 ● 源義經戰勝祈願的大歲神社 …… 126
宇治川の先陣 ● 源義經與弁慶初陣大戰木曾義仲 …… 130
壇の浦古戰場 ● 源義經與平知盛的戰場 …… 134
幼帝御入水處 ● 葬身海底皇宮的安德天皇 …… 137
平家の一杯水 ● 平家の一杯水的啟示 …… 140
魂牽赤間神宮 ● 為憐桔香子規啼，我為故人淚沾衣 …… 143
平家物語終卷 ● 杜鵑聲裡應含淚，浮生坎坷淚不盡 …… 147
日清下關議和 ● 春帆一紙幾多愁 …… 152
日清講和條約 ● 日清講和割讓台灣 …… 156

第 6 話　嚴流島千古一役

武藏出陣の地 ● 孤劍武藏放浪最終戰 …… 162
下關港口棧道 ● 從下關港口棧道到嚴流島 …… 165
武藏與五輪書 ● 戰氣，寒流帶月澄如鏡 …… 169
嚴流島無人島 ● 立下生死狀的決鬥之島 …… 172
嚴流島の決鬥 ● 宮武藏與小次郎的千古一役 …… 175

第 7 話　博多夜船山笠祭

博多夜船の歌 ● 若天亮將無風起浪 …… 180
博多祇園山笠 ● 穿著水法被的博多男兒 …… 184
中洲博多拉麵 ● 西日本第一歡樂街 …… 187

第 8 話　長崎港，龍馬傳

長崎悲戀物語 ● 長崎蝴蝶夫人蝶々さん …… 192
龍馬走進長崎 ● 拜啟，龍馬樣 …… 196
坂本像在風頭 ● 風頭公園の龍馬與彥馬 …… 199
龍馬道尋龍馬 ● 龍馬道上的歷史遺跡 …… 203
龜山社中の跡 ● 日本最早的商社龜山社中 …… 206
龍馬資料展覽 ● 龍馬の人之世道 …… 209
若宮稻荷神社 ● 龍馬，參拜 …… 212
眼鏡橋の倒影 ● 眼鏡橋遇見龍馬與彥馬 …… 216
土佐商會社跡 ● 開創航海事蹟的土佐商會社 …… 221
長崎の龍馬館 ● 船中八策大政奉還 …… 225
長崎蜂蜜蛋糕 ● 福砂屋或文明堂的蛋糕 …… 228
長崎の原爆館 ● 長崎上空落下第二顆原子彈 …… 231
長崎平和公園 ● 戰爭終結在傾圮倒塌的教堂下 …… 235

3

呈現悲劇美學的《平家物語の旅》

林水福

　　銘磻兄好意要我寫序，實在不敢當。說說讀後感倒還可以。

　　翻閱手頭的《平家物語の旅》，思緒不由得回到從前留學東北大學時，修鈴木則郎教授「平家物語」課的情形，依稀記得光是版本就講了好幾個星期，〈灌頂卷〉之有無，可以講個幾小時，最後究竟是信濃前司行長撰文之後再衍譯而成的，或者是先有琵琶法師唱本呢？不得而知；每次上課開始先複習上次內容，就耗掉半個小時，所以有些同學乾脆上課半小時之後再進教室……。

　　那一年，1986年承蒙當時校長佐藤泰正好意邀聘到梅光女子學院大學客座兩年。三月下旬，台灣已是換上短袖時候，到了下關依然寒冬。下關小鎮，八點之後街上杳無人跡，沒多久碰上馬關祭，一家四口到關門海峽觀賞壇之浦大戰的重現，約二百艘小船繫上代表源氏與平氏軍隊的紅白布條，兩軍追逐，平氏先勝後敗，最後被打得潰不成軍，落荒而逃。

　　那一幕，上演的就是《平家物語》中平氏一門被滅亡的最後一役，平清盛妻子平時子抱著安德天皇跳海自盡。之後在距離海邊約三十公尺處有平氏一門之塚，埋葬著最後壇之浦大戰逝世的平氏眾將軍。其實，那裡只是衣冠塚，屍身早已不知何處。旁邊有無耳芳一之紀念祀。芳一是名琵琶法師，為何無耳？請參閱《平家物語の旅》卷首語（三）。無耳芳一的故事似乎又訴說著世人對權力的執著，死後依然不願放棄？！

　　銘磻兄的《平家物語の旅》是從廣島到宮島，經門司、下關、博多到長崎。《平家物語》寫的是1156～1185年間，平氏一門從崛起到興盛，終至滅亡的過程。這本《平家物語の旅》以平家故事為主軸，但是不是依平家原文的情節順序敘述，而是以作者旅程順序書寫的。帶領讀者進入平家的世界，又回到現實，再進入歷史，現實與歷史時空交錯，夾敘夾議，既說歷史，也穿插個人感想，之間加入其他跟當地相關的歷史故事。

因此，這本《平家物語の旅》是透過作者之眼，看到的平家世界，以及屬於作者個人的「紀行」。對於前者，作者帶領我們領略集悲劇美學大成的平家世界。

　　如前述《平家物語》寫的是平氏一門從興起歷經巔峰到滅亡的故事，最後的勝利者是源氏而非平氏，然而，勝利者不是主角，失敗者反而成了主人翁。這與現代日本人的英雄崇拜完全不同，呈現的是日本傳統文學的本質——悲劇美學。怎麼說呢？例如日本第一部天皇下令編撰的和歌集《古今和歌集》（905年）共收錄了1111首和歌，有二十卷，歌詠四季的有六卷，春秋各二卷，夏冬各一卷；以主題而言，卷數最多。不過就和歌數目來說，以戀歌361首為最。

　　然而，無論四季或戀歌的歌詠，共通的也是核心的部分是悲劇美學的呈現。

　　春季，當然少不了歌詠櫻花，有趣的是有歌詠期待櫻花綻放的心情，也有描寫花謝之後的惋惜，獨不見歌詠櫻花盛開的喜悅。

　　戀歌方面，有渴望與情人見面的心情描述；也有一夜纏綿之後祈求天不要那麼早亮，因為當時的習俗是天亮就得離開；還有描寫剛剛分手又希望趕快見面的依依不捨心情等等；卻沒有書寫兩人見面時的歡愉情狀。

　　再者，即使是國人較為熟悉的《源氏物語》，表面上看來，主角源氏情場得意，官場雖有挫折，最後被尊崇為準太上皇，可說享盡人間的榮華富貴；但是，換個角度來看，與源氏有過交往的女性幾人得到「善終」？以不是死亡，就是出家度過餘生，作為人生最後結局的，佔了大部分不是嗎？

　　而《平家物語》一開始即闡明：

　　　祇園精舍之鐘聲，諸行無常之響音。娑羅雙樹之花色，顯盛者必衰之理。驕奢者不會長久，如一夜之春夢。強梁者終將滅亡，如風前之塵土。

　　作者依地理位置說明與平氏的淵源，帶領讀者進入歷史的時空，領略悲劇之美。

對於後者，作者穿插了不少與當地相關的「歷史事件」。這部分占的比重相當大，絕非點綴性質。

例如：作者從廣島作為《平家物語の旅》的起點，因此這裡談到第二次世界大戰時的原子彈，現在改建成和平公園；平清盛在宮島建立的成為日本三景之一的嚴島神社。還有下關的春帆樓，依然保留當時李鴻章與日本伊藤博文簽下將台灣割讓給日本的「馬關條約」時的座椅，位置不變，人事已非，就連馬關都改成下關了！又如膾炙人口的巖流島之戰——宮本武藏與佐佐木小次郎的決鬥。佐佐木小次郎的迴燕劍法與武藏致勝的關鍵所在。以及已成為世界歌劇名節目的蝴蝶夫人，發生地就是長崎，美軍平克頓的移情別戀，蝴蝶夫人堅貞不移的愛情，留下千古傳唱……。

不知是作者的刻意安排或無意中的巧合，非關平氏部分，皆為帶有悲劇性質的歷史事件。悲劇中帶有浪漫性質，而以悲劇美學貫穿全書，或許是本書最大的特色！

編按：林水福教授，輔仁大學東方語文學系文學士、日本仙台東北大學文學碩士、博士。曾任日本梅光女學院大學部助理教授、日本國立東北大學客座研究員、高雄第一科技大學外語學院院長、輔仁大學日文系主任、所長、外語學院院長、中華民國日語教育學會理事長、台灣文學協會理事長、臺灣石川啄木學會會長、中國青年寫作協會理事長等職。曾獲第三屆「五四獎」文學活動獎。著有：《源氏物語的女性》、《日本文學導遊》、《他山之石》、《三島由紀夫的失戀與創作》、《日本現代文學掃描》、《讚歧典侍日記の研究》等書。譯作有：遠藤周作《深河》、《沉默》、《武士》、《醜聞》、《我拋棄了的‧女人》、《海與毒藥－遠藤周作中短篇小說集》；辻原登《飛翔的麒麟‧上》、《飛翔的麒麟‧下》、《家族寫真》；井上靖《蒼狼‧成吉思汗》；谷崎潤一郎《鍵》、《細雪》等書。現任台北駐日本經濟文化辦事處文化中心主任。

過去無始，未來無終　　陳銘磻

《平家物語》諸行無常的世相。

　　如果一味擁抱過去，心即易於被那個已成飄忽暗冷的情境束縛住，未來的路便看不清楚；反之，如果無法明晰的回顧過去，更難辨識那一條不知不明的茫茫未來路該如何前進。

　　過去好比一面明鏡，照映出人類曾經歡喜或失意的生命事跡，然而，這些成功或失敗的經驗教訓，可能讓人類記取傳承或銘心之道，卻也可能造成歷史一再重演。人生的轉折點，不在過去曾經如何，也不在未來將會如何，當失意或失敗來臨時，唯其面對現實，將所有過去一切的缺憾、落敗和不完美歸零，重新來過，生命將會呈現另一番新局。

　　出現於日本鎌倉時期，史上第一本著名的歷史小說《平家物語》的內容即以諸行無常的世相，深刻的敘述以平清盛為首的平家一族，從榮華鼎盛的生活和驕奢霸道的權勢，到家族與皇室之間因權力之爭，而造成矛盾間隙之際，終被新興武力階級的源氏勢力滅絕。後來，源氏依仗驕矜剛暴之氣理國治人，不久也同樣步上全族被北条家徹底滅亡的後塵。

　　這一段武士家族盛衰起伏的悲慘結局的故事，賦予歷史的偶然與人性的必然所形成的進程變革，正說明著過去如何又如何，命運在天，人命在己，何若擅於歸零的哲學，將命運還諸天地，一切歸納自在，即得好生好死。

　　這本被後人稱作「戰記物語」的日本著名古典文學作品，開創了與王朝文學迥然不同的新式傳統寫作法，其中穿差諸多漢語、佛語和人生哲理，包含著因果觀和新興的武士精神，對後世文學發展產生深遠的影響。

　　戰事爭權的《平家物語》與情愛糾葛的《源氏物語》二書，被歷史學家李永熾教授列為日本古典文學的雙璧之作，一文一武，象徵「菊花」與「劍」。

　　2009年的寒冬與盛夏，我前後兩次到達東京和京都，進行十一世紀初，盛行於平安時期的日本古典文學名著《源氏物語》的歷史與地景的尋訪之旅，後來寫成《源氏物語の旅》一書；我在這一部被列為世界第一部長篇小說的文學紀行中，透過主人公光源氏的生活經歷和情愛過程，驚覺到貴族社會和政治的腐壞，以及奢華生活的悲劇命運，卻也同時清楚見到日本政府對於文學地景用心規劃，重建歷史與觀光效益的多面成就。

　　完成象徵「菊花」的《源氏物語の旅》的寫作和出版工作後，我再度投入到象徵「劍」的《平家物語》一書的閱讀與歷史尋訪，同時到台北的日文專賣書店和台灣大學圖書館，密集搜羅相關資料。2010年，同樣的寒冬和盛夏，我再度前往京都和下關及九州等地，用文學旅行的方式，走進《平家物語》及其最終回「壇の浦海戰」發生地關門海峽，進行這一部歷史戰記文學的爭戰回顧，以及體會卷首語所言：「驕奢者如一場春夢，不會長久。強梁者如一陣輕塵，過眼雲煙。」呈現無常人生與凡常世間的日落覺悟，甚至盛者必衰的滅絕美學，以期順利完成《平家物語の旅》的寫作任務。

　　走進歷史文學的地景之中，不免會在過去、現在和未來的輪迴意識中掙扎，過去曾是現在，現在既是曾經的未來，我從位於廣島近郊的宮島，平家主人公平清盛修建完成的嚴島神社，一路夜行快車，到門司港、下關、博多和長崎，我依循第二次世界大戰中，被美軍投下第一顆原子彈的廣島原爆館為起點，拍照及整理思維，最後走到被投擲第二顆原子彈，太平洋戰爭才告終結的長崎平和公園，沿途遇見平家武士平知盛與源氏戰將源義經兩陣在壇の浦交戰的悲慘戰役，兼而在下關海域的嚴流島巧見宮本武藏和佐佐木小次郎千古一役的武士決鬥、日清之戰春帆樓議和的伊藤博文和李鴻章的合議堂，以及聚集幕府時代末期菁英的長崎土佐商會，促使日本

明治維新的先驅坂本龍馬。

　　這些相近地景的戰役和相同命運的人物，都成為我寫作本書的要點；我從《平家物語》書中所敘平清盛、平知盛，到源賴朝、源義經的爭戰命運中，看到日清議合下割讓台灣的悲劇，也同樣看見日夜勤練燕返劍法，只為和修禪武士宮本武藏一決生死的佐佐木小次郎的心魂決鬥，以及坂本龍馬率領長崎龜山社中參與長州海軍和幕府軍隊的戰鬥。

　　自第一顆原子彈爆裂地廣島到第二顆原子彈爆破地長崎，我從絕頂無情的慘烈戰爭場地，進入歷史深淵，看到過去的歷史，也見到歷史的過去；偈語言道：「過去無始，未來無終。」過去、現在和未來的三世何曾變動？過去既無法捲土重來，現在是現在，現在又如何和過去連接？未來的，既是未來，又如何銜接現在和過去？《平家物語》最終回，慘烈的壇の浦之役，讓我見識到歸零後的廣島、下關、門司港、巖流島，以及九州的長崎，不也在拋擲不堪回首的過去之後，以新風景、新風貌、新風格，展現一番新格局的人文觀光場景嗎？

　　《因果經》嘗言：「欲知過去因，見其現在果；欲知未來果，見其現在因。」如果悟出過去未來的因果，便不該如此悲歡了。有道是：「岸邊櫻已落，池上花盛開。」撥開繁茂的春花夏草走進世間，所見景物俱感新鮮呀！

祇園精舍警世語

驕奢者如一場春夢，不會長久。強梁者如一陣輕塵，過眼雲煙。

　　《平家物語》成書於十三世紀日本鎌倉時代，屬軍記物語，作者不詳，記敘1156年到1191年三十餘年之間，平家與源氏兩大武士集團的政爭故事。西方人譬喻為「日本的伊里亞德」。全書192節，曾由琵琶法師進行生動的唱本演繹。卷首語句句鏗鏘有力，發人深思：

祇園精舍の鐘の聲　諸行無常の響あり
娑羅雙樹の花の色　盛者必衰のことわりをあらわす
おごれる人も久しからず　只春の夜の夢のごとし
たけき者も遂には滅びぬ　偏に風の前の　塵に同じ

祇園精舍的鐘磬，敲出人世間無常的響聲。
兩株娑羅樹的花色，訴說盛極必衰的道理。
驕奢者如一場春夢，不會長久。
強梁者如一陣輕塵，過眼雲煙。

　　遠考異國史實，秦有趙高，漢有王莽，梁有朱異，唐有安祿山，皆因不遵先王成法，窮奢極欲，不聽眾賢者諫勸，不領悟天下將亂的徵兆，無視民間疾苦，佞臣誤國，所以很快就滅亡了。近察本朝事例，承平的平將門，天慶的藤原純友，康和的源義親，平治的藤源信賴等，驕奢淫逸之心，剛強橫暴之事，雖各不同，然其絕滅的結果卻是一樣。

　　《平家物語》卷首語重，中國春秋時代思想家老子在其《道德經》第四十二章也曾說過：「人之所教，我亦教之：強梁者不得其死，吾將以為教父。」老子的道論中，張之可歙之，強之可弱之，興之可廢之，與之可取之，強梁者不得其死便是「益之而損」的例證，所以他引為戒鑑。

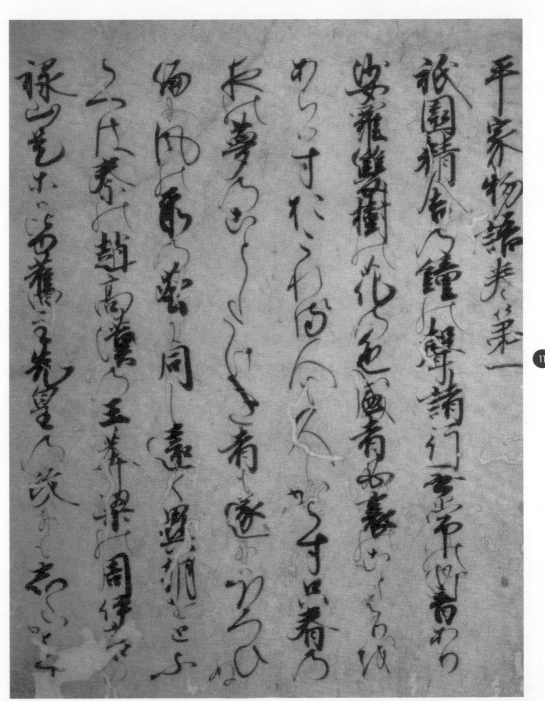

《平家物語》一書的卷首語

11

源平之戰話始末

《平家物語》剛中帶柔，由平清盛家族的興衰推展故事，頗為可觀。

　　內容記述日本平安時代末期，以平清盛和源賴朝為首的兩大武士集團「平家」和「源氏」興衰起落的《平家物語》歷史小說，原稱〈平曲〉或稱〈平家琵琶曲〉。作者究為何人，眾說紛紜；在《徒然草》一書中明喻可能是信濃前司行長所寫，再由目盲的僧侶以琵琶伴奏演唱的臺本，原本僅三卷，後經琵琶法師傳唱、補充，加上文人校勘、編寫，才衍生成今日的十三卷本。

　　琵琶法師原名生仏，有稱芳一，為一目盲僧侶，常在路邊彈奏琵琶。鎌倉時代初期，他以《平家物語》為藍本配合琵琶做出〈平曲〉，主要以唱誦經文和說唱《平家物語》為人知曉。〈平曲〉內容描述平安王朝末期，舊貴族階級日趨沒落，逐漸為新興武士階層取代，甚至滅亡的爭戰過程。故事記敘平清盛因一時之仁，使源賴朝兄弟得以免死，最終平家滅絕，源賴朝以妒嫉之心追殺胞弟源義經，義經死後四個月，奧州藤原氏榮華告終，最後源氏宗族也一樣被北条家所滅；源平之戰，孰勝孰敗？果真如卷首語所言：一陣輕塵，過眼雲煙。

　　遠流出版公司出版，宮尾登美子原著的《平家物語》譯本中，特別強調：《平家物語》最大的藝術成就在於塑造了王朝文學所不曾有過的披堅執銳、躍馬橫槍的英雄人物。

　　台灣大學歷史系教授李永熾則說：「日本古典小說雙璧《源氏物語》和《平家物語》，一柔一剛，一象徵『菊花』，一象徵『劍』。」

　　《平家物語》一書記述平家一族的興衰，末章描繪平清盛之妻平時子在壇の浦戰役失敗後，抱著外孫安德天皇與三神器一起跳入關門海峽自盡，平家終至絕亡，更寓含無常世間，盛者必衰之慨歎。

《平家物語》的源平海戰繪卷

無耳芳一の怪談

《平家物語》的怪談傳開不久，後人便給目盲的琵琶法師，取名叫「無耳芳一」。

赤間關的壇の浦海邊有座原名叫阿彌陀寺，現稱「赤間神宮」的寺院，是為安撫與祭祀平家一族投海自盡的怨靈而建造。

鎌倉初期，寺院外常出現一名自小擅長琵琶，琴藝精湛的目盲青年芳一，他彈唱《平家物語》的臺本時，聽眾無不感動落淚。其中最欣賞芳一才能者，屬阿彌陀寺的住持，他讓芳一住進寺院，有空就傾聽他彈唱《平家物語》如風中輕塵般的過往情事。

某個悶熱夜晚，住持外出為喪家辦法會，芳一則在寺院迴廊隨興彈奏琵琶，隱約聽見身後傳來沉重的腳步聲，那鏗鏘有勁的步伐忽然在他面前停止，片刻後，響起低沉的呼喚聲：「芳一！」這陌生的喊叫聲讓他著實嚇了一跳。

「請問是……哪位？我眼盲看不見，你是……」

「在下奉主人之命前來，主人身分高貴，這回為觀賞壇の浦合戰遺跡，帶著眾多隨從來到赤間關，住宿附近。聽聞你很會彈唱平家物語，主人很想聽聽。你馬上跟我來。」

芳一聽後不明所以，可眼前這位像是武將之人，口氣直接，使人無法拒絕，只好勉為其難點頭應允。

芳一跟隨武將來到一座大屋，心想，這

上：說唱《平家物語》的琵琶法師無耳芳一畫像
下：供奉在赤間神宮的琵琶法師無耳芳一的木雕像

附近也只有阿彌陀寺，何來其他宅邸？不等他開口，但聞武將下令喝道：「開門」，門啟之後，兩人前後進入，一時之間，室內頻頻傳來推動紙門、板門的各種響聲，他依稀感覺得到身旁有許多人來人往。突然，有雙柔軟的手輕輕牽起芳一，帶領他穿過庭院，爬上階梯，走過長廊，以及幾蓆榻榻米房，最後來到大廳。大廳聚眾人多，四處不斷傳來宮廷用語的男女竊竊私語聲。

帶路人讓芳一坐在大廳正中央的蓆墊上，才一下身，忽然聽得宮中女官長的聲音：「我們想聽你彈唱平家物語，請開始。」

芳一露出疑慮表情，問道：「平家物語二百首，一個晚上怎麼也彈唱不完，請問該從哪一首開始？」

「壇の浦。」對方回話。

芳一點頭，隨即抱起琵琶，錚錚彈唱起他熟悉的曲調，彈調之間，他的心和靈魂全都穿越到那段腥風血雨、亂箭俱發的赤間關海戰裡面；纏鬥、哀號、狂叫，聲聲令人聽聞後感到顫慄不已。

「彷彿又回到當時。」有人說著。

可當說唱到祖母摟著身懷天叢雲劍的幼帝安德天皇跳進海中時，大廳瞬間變得悄寂無聲，隨後便傳來一陣陣既悲切又凄涼的啜泣聲。

「祖母要帶我去哪裡？」年幼的安德天皇問道。

「我要帶你到一個極樂的地方，海底也有京城。」祖母二品尼回答道。這時，大廳的啜泣聲越發哆嗦起來。直到芳一彈唱完〈壇の浦〉，大廳立即恢復沉靜。過一會兒，方才那位女官長的聲音再次響起：「果然是琵琶高手，連殿下都聽得入迷，事後必會給你獎賞。但你必須連續到此六個夜晚，表演給殿下聽。關於今晚的事，務必保密。」

連續幾個夜晚，武將果然都依時前來阿彌陀寺接送芳一。

白天和夜晚的生活變了樣，看在住持眼裡，不免心生疑竇，便命寺裡打掃庭園的下男監視芳一的舉動。

就在第六個夜晚，屋外正下著雨，下男見芳一快步從後門走出，即刻提著紙燈籠跟在後頭。風雨交加，燈籠熄火，這時，目盲的芳一卻健步如飛，早已不知去向；下男跟丟了人，只得黯然奔回寺院。不料，返回寺院後，卻聽聞後山墳場傳來陣陣悽愴的琵琶

聲，他循聲悄然跟去，只見芳一獨坐在漆黑的林子裡，專心一意彈唱〈壇の浦〉。

下男見狀有異，便死命硬拉起芳一回到寺院，向住持詳實報告來龍去脈。

芳一見過住持後，坦白說出幾個夜晚來所發生的一切，住持聽過之後，沉吟半晌，開口道：「你知道這幾個夜晚，都在誰面前彈唱嗎？」

「在一棟宅邸對著高貴身分的殿下和許多宮廷人彈唱。」

「不，那棟宅邸就在寺院後山的林子，那裡正是平家一族的墳場。你今晚就坐在安德天皇墳前，不顧風吹雨打的彈唱平曲。」芳一聽後愀然變色，不知如何是好。

「一旦聽從要求，連續六夜都去彈唱平曲，最終必隨他等走入地獄。」住持接著說：「還有，在這之前，你將精氣盡失，肉身恐抵擋不住莫名的病痛。」

住持說完，不等芳一反應，隨即將他全身衣褲脫個精光，再命眾家小沙彌幫忙，拿起硃筆，從頭頂到腳底寫上密密麻麻的般若心經的經文。

「這樣就可以了。聽好，要救你，目前只有這個辦法；今晚你照樣坐到迴廊，等對方前來接應你，無論發生什麼事，都不得張口發聲；記住，靜坐不動，只要沉默以對，撐過這一夜，你就可以得救。」

當晚，住持照例外出幫壇家做法事，芳一則赤裸著寫滿經文的肉身坐在迴廊彈奏琵琶。

不久，武將出現，芳一悄無聲響的擱下琵琶，文風不動，連氣也不敢喘上一聲。

上：1965 年小林正樹導演的日本電影「怪談四部曲」之「無耳芳一」中，在阿彌陀寺用琵琶彈唱《平曲》的芳一
中上：電影「怪談」中，芳一在阿彌陀寺彈唱《平曲》，平家武將聞聲而至
中下：電影「怪談」中，芳一被平家武將帶到鬼域龍宮，紅布為平家軍紅旗的象徵
下：電影「怪談」中，芳一被武將帶到大廳。大廳聚集眾人，女官長說：「我們想聽你彈唱平家物語。」
（左右頁圖片攝自電影「怪談」）

16

　　「奇怪？法師到哪裡去了？琵琶還留在這裡……咦？這是什麼？耳朵。算了，人既不在，就拿他回去當作法師不在的交代。」武將說著。這時，幽暗的迴廊，只見半空中飄浮著一雙耳朵。原來，他的兩隻耳朵被武將提著走，頓時感到兩耳一陣火辣疼痛，可他不敢動彈，更無法哀叫。

　　一夜過去，住持回來後趕忙到後院尋找芳一，卻看他兩耳滲血，全身血跡斑斑。住持大喊，芳一這才回神過來，哇一聲的大哭，抽泣訴說昨夜事情發生的經過。

　　住持恍然大悟，原來他漏掉在芳一的雙耳上寫下經文。「啊，對不起，原諒我，我竟忘了在你耳朵寫上經文！可你已經得救了，怨靈從此再也不會來找你去彈唱平曲了。」住持隨即要下人找來大夫為芳一診治兩耳；然而傷重難治，芳一終於失去雙耳。

　　這段怪談傳開不久，後人便給這位琴藝名滿天下的目盲法師，取名叫「無耳芳一」，芳一圓寂後，住持即在赤間神宮後院蓋了一間「芳一堂」以為祭祀。

　　正如《平家物語》一書的卷首語〈祇園精舍〉所言：「訴說世事本無常，恰如春夜夢一場。」不忍平家皇族的怨靈，長期自困在訴說不盡的哀慟過去之中。過去不滅，靈魂如何得以安息。何若幼帝安德天皇之母建禮門院平德子被源軍生俘後，出家入居京城大原寂光院僧房，臨終前所云：「先帝聖靈，一門亡魂，成等正覺，頓證菩提。」最終實現了厭離塵世，往生淨土的夙願。

左：電影「怪談」中，芳一在鬼域龍宮為安德幼帝彈唱《平曲》中「壇の浦海戰」的故事
右：電影「怪談」中，芳一被鬼祟魍魎纏身，住持拿起硃筆，從芳一頭頂到腳底，寫上密密麻麻的般若心經

平家物語大事記

《平家物語》記敘1156年到1191年，平家與源氏兩大武士集團的政爭故事。

《平家物語》主要事件年表：

- 保元元年（1156年）平清盛任安藝守（今廣島西部，含宮島），平保元之亂有功，轉為播磨守（今兵庫縣西南部）。
- 保元3年（1158年）平清盛升為太宰大貳。
- 平治元年（1159年）爆發平治之亂，平清盛平叛有功，升為宰相。歷任衛府督、檢非違使別當，晉陞為中納言、大納言。
- 永萬元年（1165年）六條天皇登基。
- 仁安3年（1168年）六條天皇禪位，高倉天皇登基。
- 嘉應元年（1169年）後白河上皇出家，是為法皇，但仍總理朝政。平清盛晉陞為太政大臣。
- 治承元年（1177年）西光、俊寬等以法皇為倚仗，密謀推翻平氏，事敗後，西光被斬。
- 治承2年（1178年）高倉天皇之子安德天皇誕生。
- 治承3年（1179年）平清盛弄權，免去四十三位朝臣官職，將法皇遷到城南離宮。
- 治承4年（1180年）高倉天皇禪位，安德天皇（平清盛外孫）以沖齡即位。五月，高倉宮（以仁親王，高倉天皇之弟）密謀起兵反抗平家，事敗被殺。幼帝遷都福原（今神戶兵庫縣福原町），年末還都平安京（今京都）。七月，法皇發密旨，令源賴朝興兵討伐平氏。
- 治承5年（1181年）源氏木曾義仲起兵，在尾張（今愛知縣西北部）與平家開戰。平清盛病故。
- 壽永2年（1183年）北陸俱利伽羅峠（今富山縣小矢部市）合戰，平家戰敗，二千餘平家軍及其後裔為了避難，逃往岐阜縣大野郡白川鄉的白川村深山過著隱匿生活。木曾義仲與源賴朝反目。十月，義仲攻入京城。平氏奉幼帝逃奔九州，不久，被地方

左：小學館出版的日文版《平家物語》書影
右：日文版的簡易本《平家物語宮島之旅》（山と溪谷社）

豪強逐出，後北上。義仲擁戴法皇，把持朝政，免四十九位朝臣官職，後與法皇反目。法皇封源賴朝為征夷將軍。

- 壽永3年（1184年）正月，源賴朝派兵攻打義仲，義仲兵敗被殺。平家回師福原。二月，源義經在一ノ谷（今神戶須磨區西部）大敗平家軍。八月，源氏奉後鳥羽天皇（安德天皇之弟）登基。九月，平氏在備前國兒島（今岡山縣東南部兒島）戰敗，敗退贊岐國屋島（今四國香川縣高松市）。
- 元歷2年（1185年）正月，源義經攻佔屋島。三月，壇の浦會戰（今下關一帶），平氏覆滅。幼帝被外祖母抱著投海自盡。
- 文治元年（1185年）六月，平宗盛被殺。七月，發生大地震。九月，平氏族人被流放。十一月，因被源賴朝猜忌，源義經逃離京城。源賴朝奏請天皇討伐義經。安德天皇母后建禮門院在京郊出家。
- 建久2年（1191年）建禮門院病故大原寂光院（今京都）僧房。

平家物語人物誌

平家一族人物表

平清盛 平忠盛之嫡男。一說實際父親為白河院。本書要角。〈平家物語・卷一・祇園精舍〉

平敦盛 平經盛之子。一ノ谷合戰敗走途中遭斬。

平家貞 左兵衛尉家貞。平正盛、平忠盛、平清盛三代工作。〈平家物語・卷一・殿上闇討〉

平清定 平清盛之八男。一ノ谷合戰陣亡。

平清經 平重盛之三男。在美濃打敗源行家其中之大將。

平清房 平清盛之七男。一ノ谷合戰陣亡。

平清盛長女 藤原信隆之妻。平重盛之姊。〈平家物語・卷一・吾身榮花〉

平清盛次女 左大臣藤原兼雅之妻。〈平家物語・卷一・吾身榮花〉

平清盛三女 建禮門院德子。高倉天皇的妻子。安德天皇之母。〈平家物語・卷一・吾身榮花〉

平清盛四女 藤原基實之妻・盛子。高倉天皇御母代。〈平家物語・卷一・吾身榮花〉

平清盛五女 藤原隆房之妻。〈平家物語・卷一・吾身榮花〉

平清盛六女 藤原基通之妻・完子。普賢寺殿之北政所。〈平家物語・卷一・吾身榮花〉

平清盛七女 御子姬君。母親為嚴島內侍。後白河之女御。〈平家物語・卷一・吾身榮花〉

平清盛八女 母親為常葉。藤原雅兼之妻。〈平家物語・卷一・吾身榮花〉

平維盛 平重盛長男。美貌與《源氏物語》中的光源氏同等級。〈平家物語・卷一・吾身榮花〉

平貞光 木工助貞光。平家貞之祖父。〈平家物語・卷一・殿上闇討〉

平貞盛 平貞盛。〈平家物語・卷一・殿下乘合・古例〉

平貞能 平重盛的重臣。家貞之子。〈平家物語‧卷二‧西光被斬〉

滋子 建春門院滋子。平清盛的義妹。高倉天皇之母。〈平家物語‧卷一‧東宮立〉

平重衡 平清盛之五男。在宇治打敗源賴政。〈平家物語‧卷一‧御輿振〉

平重盛 平清盛之長男。母親是高階基章的女兒。小松殿。〈平家物語‧卷一‧吾身榮花〉

平資盛 平重盛之次男。在壇の浦海戰中落水。〈平家物語‧卷一‧殿下乘合〉

平資行 新平判官資行。參與鹿谷合戰的謀議。〈平家物語‧卷一‧鹿谷〉

平忠清 平忠清。景綱的兒子。追討源賴政，致使源賴政自殺身亡。

平忠盛 平正盛之長男。平清盛之父。被白河院重用。〈平家物語‧卷一‧祇園精舍〉

平經俊 平經盛之次男。參與一ノ谷合戰。

平經盛 平清盛之弟、平教盛之兄。〈平家物語‧卷一‧御輿振〉

時子 平清盛之妻。平宗盛、平知盛、平重衡、德子的母親。〈平家物語卷一‧東宮立〉

平時忠 公卿平時信之子，是時子、滋子的哥哥。〈平家物語‧卷一‧禿髮〉

平時信 時子、滋子和平時忠之父。平宗盛的舅舅。

平知章 平知盛之長男。壇の浦合戰被捉後處刑。

平知度 平清盛之六男。壇の浦合戰中陣亡。

平知盛	平清盛之四男。壇の浦合戰中陣亡。〈平家物語・卷一・吾身榮花〉
平業盛	平教盛之三男。一ノ谷合戰中陣亡。
信業	大膳大夫信業。白河院的家臣。〈平家物語・卷二・西光被斬〉
平教盛	平清盛之弟。〈平家物語・卷一・御輿振〉
平將門	平將門。〈平家物語・卷一・祇園精舍・古例〉
平正盛	平清盛之祖父。平家一門興隆基業的建立者。〈平家物語・卷一・祇園精舍〉
平宗實	平重盛之么子。壇の浦合戰被捉後處刑。
平宗親	平宗盛之三男。壇の浦合戰被捉後處刑。
平宗盛	平清盛之三男。平清盛死後，平家一門的統帥。

平盛國　平家的將領。〈平家物語‧卷二‧西光被斬〉

平康頼　平判官康頼。策劃謀反平家。〈平家物語‧卷一‧鹿谷〉

源氏一族人物表

源頼朝　源義朝之三男。源氏的總大將。

源義經　源義朝之九男，源頼朝的同父異母弟弟。追討平家有功者。後被哥哥源頼朝追殺。

源義　源義經同母異父的哥哥，幼名叫乙若。墨俣合戰中被擊敗。

全成　阿野全成。源義經同母異父的哥哥，幼名叫今若。後在醍醐寺出家。

源為朝	源為義的八男。源賴朝同父異母的弟弟。
源為義	在保元之亂中戰敗、被兒子義朝斬首。
源仲綱	源賴政的長男。在宇治川合戰中自殺。
源範賴	源義朝的六男。
通親	後鳥羽上皇時代的內大臣。是一位策略家。
光重	出羽藏人。光基之弟。〈平家物語・卷四・源氏揃〉
光長	出羽判官光長。在義仲對法住寺攻擊的時候陣亡。〈平家物語・卷四・源氏揃〉
光基	伊賀守光基。〈平家物語・卷四・源氏揃〉
光能	光能。光重之弟。〈平家物語・卷四・源氏揃〉
行家	源為義之三男，源義朝之弟。
源義家	通稱八幡太郎。源義朝之父，源賴朝之祖父。
源義朝	源賴朝之父。在平治之亂中被平清盛打敗。
源義仲	別名木曾義仲、被稱為旭將軍。源賴朝、源義經的表親。
源義平	源義朝之長男。猛將。殺害源義仲的父親源義賢。
源義基	源義時之子。在鳥羽被平氏討伐。〈平家物語・卷四・源氏揃〉
源義盛	義盛十郎。源為義之十男。〈平家物語・卷四・源氏揃〉

24

源賴政	攝津源氏的武將。在宇治川合戰中切腹。也是一名歌人。
源賴基	滿仲之子孫。曾攻擊源義經。〈平家物語・卷四・源氏揃〉
源賴家	源賴朝長子。征夷大將軍正二位行權大納言。流放到伊豆修禪寺幽禁。

朝廷人物一覽表

敦文	敦文親王。白河天皇的皇子。四歲過世。〈平家物語・卷三・賴豪〉
安德	八十一代・安德天皇。言仁親王。〈平家物語・卷一・吾身榮花〉
宇多	五十九代・宇多天皇。定省親王。〈平家物語・卷一・古例〉
覺快	覺快法親王。鳥羽天皇之七男。〈平家物語・卷二・座主流〉
花山	六十五代・花山天皇。師貞親王。〈平家物語・卷三・古例〉
桓武	五十代・桓武天皇。山边親王。〈平家物語・卷一・殿上闇討・古例〉
葛原	葛原親王。桓武之子。〈平家物語・卷一・祇園精舍・古例〉
光仁	四十九代・光仁天皇。白壁親王。〈平家物語・卷三・古例〉
後白河	七十七代・後白河天皇。雅仁親王。〈平家物語・卷一・吾身榮花〉
後三条	七十一代・後三条天皇。尊仁親王。〈平家物語・卷一・古例〉
後冷泉	七十代・後冷泉天皇。親仁親王。〈平家物語・卷一・吾身榮花・古例〉
嵯峨	五十二代・嵯峨天皇。神野親王。〈平家物語・卷一・古例〉
早良	早良親王。桓武天皇同異父的弟弟。諱號崇道天皇。
三条	六十七代・三条天皇。居貞親王。〈平家物語・卷一〉
聖德	戶豐聰耳皇子。攝政。聖德太子是諱名。〈平家物語・卷二・古例〉
聖武	四十五代・聖武天皇。首親王。〈平家物語・卷一・吾身榮花〉
白河	七十二代・白河天皇。貞仁親王。〈平家物語・卷一・俊寬沙汰〉
神武	一代・神武天皇。〈平家物語・卷一・二代后・古例〉
朱雀	六十一代・朱雀天皇。寬明親王。〈平家物語・卷一・吾身榮花・古例〉
清和	五十六代・清和天皇。惟仁親王。〈平家物語・卷一・古例〉

25

醍醐	六十代‧醍醐天皇。敦仁親王。〈平家物語‧卷三‧古例〉
高倉	八十代‧高倉天皇。憲仁親王。〈平家物語‧卷一‧吾身榮花〉
高見王	桓武天皇的孫子。葛原親王的皇子，高望王之父。〈平家物語‧卷一‧祇園精舍〉
高望王	桓武天皇曾孫。被賜為平姓。平國香之父。〈平家物語‧卷一‧祇園精舍〉
天武	四十代‧天武天皇。大海人皇子。〈平家物語‧卷三‧古例〉
具平	具平親王。村上天皇的第七皇子。〈平家物語‧卷一‧內裡炎上〉
鳥羽	七十四代‧鳥羽天皇。宗仁親王。〈平家物語‧卷一‧殿上闇討〉
二条	七十八代‧二条天皇。守仁親王。〈平家物語‧卷一‧吾身榮花〉
村上	六十二代‧村上天皇。成明親王。〈平家物語‧卷一‧古例〉
文德	五十五代‧文德天皇。道康親王。〈平家物語‧卷一‧古例〉
陽成	五十七代‧陽成天皇。貞明親王。〈平家物語‧卷三‧古例〉
冷泉	六十三代‧冷泉天皇。憲平親王。〈平家物語‧卷三‧古例〉
六条	七十九代‧六条天皇。順仁親王。〈平家物語‧卷一‧額打論〉

藤源氏一族人物表

顯時	中山中納言。〈平家物語‧卷三‧古例〉
阿古耶	阿古耶姬。藤原中將實方的女兒。〈平家物語‧卷二‧古例〉
按察	按察局。公通的女兒。平教盛之後妻。抱著安德天皇入水。
家成	中納言。鳥羽法皇之寵臣。和平清盛很親近。
育子	藤原育子。二条天皇之后。
伊子	藤原伊子。基房的女兒。與義仲結婚。
右京大夫	名為伊子。服侍建禮門院。平資盛的戀人。
景清	平家的家臣。用惡七兵衛的別名在能、淨瑠璃方面為人所知。
賢子	師實的女兒。白河院之后。

兼家	攝政。〈平家物語・卷三・古例〉
兼實	九条兼實。九条家之祖。源通親之宿敵。
兼光	蔵人左少弁兼光藤原資長之子。太政大臣。〈平家物語・卷一・內裡炎上〉
鎌足	大化改新為其功績。不比等之父。〈平家物語・卷一・古例〉
伊周	內大臣。〈平家物語・卷三・古例〉
伊尹	一条攝政。〈平家物語・卷三・古例〉
定房	大納言定房卿。被平重盛超過官職。
實家	川原大納言。〈平家物語・卷三〉
實方	左近中將。陸奧守。歌人。〈平家物語・卷二・古例〉
實賴	太政大臣。〈平家物語・卷一・古例〉
治部卿	忠雅的女兒。平知盛之妻。知章之母。
璋子	待賢門院。鳥羽天皇之后。崇德、後白河之生母。
彰子	一条天皇之中宮。〈平家物語・卷三・古例〉
信西	信西，法名。高階通憲。策謀家。在平治之亂中身亡。
季仲	大宰權師季仲。〈平家物語・卷一・古例〉
資長	蔵人右少弁。中納言。〈平家物語・卷三・古例〉

27

純友	藤原純友。引起了純友之亂。〈平家物語・卷一・古例〉
隆房	權大納言。平家之同情者。後白河的寵臣。小督局的戀人。
多子	近衛天皇之妃。近衛天皇死後，成為二条天皇之后。〈平家物語・卷一・二代后〉
忠實	藤原忠實。師道之嫡男。忠通、賴長之父。
忠子	忠雅之長女。基房之正妻。安德天皇之乳母。
為房	大藏卿。日記《大御記》。〈平家物語・卷一・古例〉
時平	排斥菅原道真，確立藤原氏的攝關制度。〈平家物語・卷二・古例〉
豐光	南家武智麻呂的長男。右大臣從一位。〈平家物語・卷三・古例〉
仲成	藤原種繼之次男。藥子之兄。藥子之變的首謀者。〈平家物語・卷二・古例〉
仲麻呂	在政界顯達後被斬殺。〈平家物語・卷三・古例〉
奈良麻呂	橘諸兄之子。參議。將仲麻呂之叛亂推翻。〈平家物語・卷三・古例〉
成親	新大納言成親卿。後白河法皇之寵臣。策劃謀反平家。
成賴	後白河院之近臣。
秀鄉	滅了平將門。〈平家物語・卷一・古例〉
冬嗣	左大臣。因建造勸學院等而活躍。〈平家物語・卷一・古例〉
正季	右衛門尉正季。平重盛之家人。〈平家物語・卷一・內裡炎上〉
正純	左衛門尉正純。平重盛之家人。〈平家物語・卷一・內裡炎上〉
道經	從五位上・和泉守。時忠的女婿。
道長	御堂關白。關白太政大臣。〈平家物語・卷一・吾身榮花〉
宗子	藤原宗兼的女兒。平忠盛之正妻。通稱為池禪尼。救過源賴朝的性命。
基實	關白忠通之嫡男。與平清盛三女結婚。二十四歲夭折。〈平家物語・卷一・吾身榮花〉
基經	關白。昭宣公。〈平家物語・卷一・殿下乘合〉
基房	攝政關白。與源義仲聯手而失去地位。〈平家物語・卷一・吾身榮花〉

基通	後白河法皇的寵臣。
師家	松殿師家。基房的小孩。父親與源義仲聯手而失去地位。
師實	關白。賴通的兒子。京玉殿。
師輔	九条右大臣。坊城大臣。〈平家物語‧卷一‧吾身榮花〉
師高	加賀守。西光之子。〈平家物語‧卷一‧願立〉
師殿	平時忠之妻。師時的女兒。安德天皇的乳母。
師長	太政大臣。後白河的寵臣。賴長之子。〈平家物語‧卷一‧鹿谷〉
師道	藤原忠實之父。早夭。〈平家物語‧卷一‧願立〉
師光	後白河院之近臣。西光。鹿谷合戰的首謀者。
泰衡	奧州藤原氏。秀衡的兒子。因源賴朝的壓力，而追殺源義經。
懿子	藤原懿子。大納言藤原經實的女兒。後白河之后，二条天皇的母親。
良房	冬嗣之子。從藤原氏開始的第一位太政大臣。〈平家物語‧卷一‧吾身榮花〉
能保	源賴朝的妹夫。
賴長	藤原賴長。關白忠實之次男。保元之亂敗走。〈平家物語‧卷一‧鱸〉

平家物語征戰圖

- ◄◄◄◄◄◄◄ 源範賴軍征戰路線
- ◄◄◄◄◄◄◄ 源義經軍征戰路線
- ◄◄◄◄◄◄◄ 平家軍征戰路線
- 源氏勢力範圍
- 平家勢力範圍
- 反平家勢力範圍

壇の浦之戰

關門海峽

下關

門司

福岡

防府

松光

大島

大分

九州

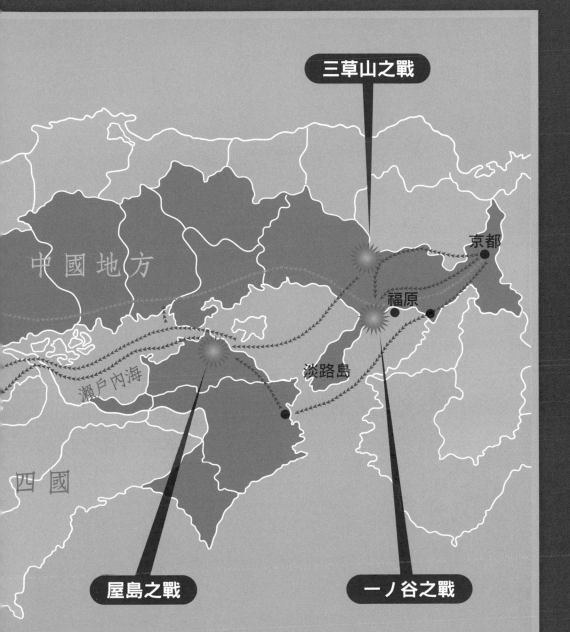

三草山之戰

京都

福原

淡路島

中國地方

瀬戸内海

四國

屋島之戰

一ノ谷之戰

第 1 話

浩劫餘生廣島城

廣島城的外觀好似鯉魚一般黑，所以又被稱
作鯉魚城，是武將毛利輝元於1589年在太田
河三角洲建築的城堡。易守難攻，為重要天
險，曾多次擊退敵方。過去，廣島城還曾擔
當豐臣秀吉出兵朝鮮的後援基地。第二次
世界大戰末期的1945年，遭受美軍原子彈攻
擊，整座城市瞬間化為灰燼，1958年天守閣
重建完成，現列日本百名城之一。

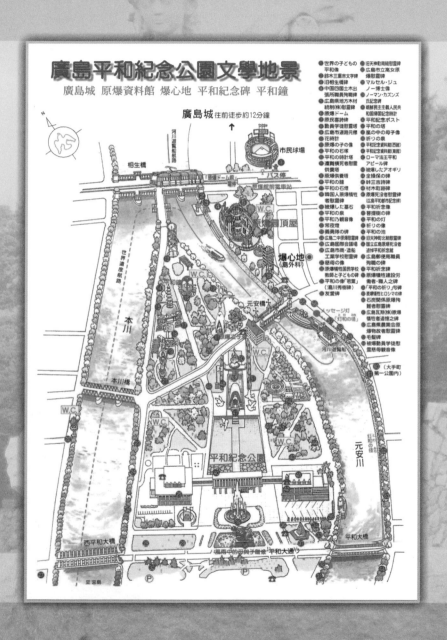

廣島平和紀念公園文學地景

廣島城 原爆資料館 爆心地 平和紀念碑 平和鐘

廣島城 往前徒步約12分鐘

廣島平和紀念公園文學地景

①世界の子どもの 平和像
②鈴木三重吉文字碑
③旧相生橋碑
④中国四国土木出 張所職員殉職碑
⑤広島県地方木材 統制㈱慰靈碑
⑥原爆ドーム
⑦原民喜詩碑
⑧勤員學徒慰靈碑
⑨広島市道路元標
⑩花時計
⑪原爆の子の像
⑫平和の石塚
⑬平和の時計塔
⑭濱井橫死者慰靈 供養塔
⑮原爆供養塔
⑯平和の鐘
⑰平和の石燈
⑱韓国人原爆犠牲 者慰靈碑
⑲被爆した墓石
⑳平和の泉
㉑平和乃観音像
㉒常夜灯
㉓義勇隊の碑
㉔広高二中原型碑
㉕広島医院会議堂
㉖広島市隋・造船 工業学校慰靈碑
㉗慈母像
㉘原爆犠牲民民学校 教師と子どもの碑
㉙平和の像「岩葉」 (湯川秀樹碑)
㉚友愛碑

㉛旧天神町南組型靈碑
㉜広島市立高女原 爆型靈碑
㉝マルセル・ジュ ノー博士像
㉞ノーマン・カズンズ 氏紀念碑
㉟朝鮮民主主義人民共 和国爆型紀念時計
㊱平和紀念ポスト
㊲平和の塔
㊳風の中の母子像
㊴祈りの泉
㊵平和紀念礼拝堂
㊶平和紀念礼拝堂西側
㊷ローマ法王平和 アピール碑
㊸被爆したアオギリ
㊹全損保の碑
㊺荒三吉詩碑
㊻材木町慰靈碑
㊼原爆死没者慰靈碑 (広島平和都市紀念碑)
㊽平和祈念像
㊾菩提樹の碑
㊿平和の灯
(51)祈りの像
(52)平和の池
(53)旧天神町組型靈碑
(54)国立広島原爆死没者 追悼平和祈念館
(55)広島便局職員 殉職の碑
(56)原爆犠牲建設勞 働者・職人之碑
(57)「平和の祈り」句碑
(58)原爆犠牲とひろ刀の碑
(59)石炭関係原爆殉 難者慰靈碑
(60)広島瓦斯㈱原爆 犠牲者追悼之碑
(61)広島農業美會原 爆物者慰靈碑
(62)毛利碑
(63)被爆動員学徒型 靈母報音像

相生橋

河川道観船航路

市民球場

バス停

原爆ドーム前電車站

本川

世界遺産献路

W.C

W.C

爆心地 (島外科)

元安橋

W.C

メッセージ灯 (灯和の橙)

河川遊覧船

W.C

W.C

本川橋

平和紀念公園

元安川

西平和大橋

平和大橋

平和大通り

至宮島

P

從遺憾中重生的歷史

廣島城自一片灰燼中迅速綻開成一朵象徵
平和的夏日文殊蘭，奇蹟似地存活下來。

左上：廣島公園內的廣島護
國神社
右上：廣島護國神社的廂房
下：位於廣島公園內的廣島
城及其護城河

為了尋訪日本古典小說《平家物語》一書中，平家滅絕的最終戰赤間關，我從位於廣島灣的宮島出發，並當它做為《平家物語の旅》的首站。我將前往曾是平家一族心靈故鄉的嚴島神社，感受小說中所描述，氣勢如虹的主人公平清盛，如何以他的霸氣，在擔任安藝守時，舉起紙扇對著即將落入瀨戶內海水面的夕陽，大聲高喊：「回來，不允許你落下去。」

書云：「平家之所以得享如此榮華富貴，據說是得力於熊野權現的庇佑。在清盛公任安藝守的時候，他從伊勢海乘船出發到熊野去，途中有一尾很大的鱸魚跳進他的船裡，當時熊野神社的嚮導說：『這是權現的恩賜，請大人趕快吃了吧。古時候，曾有白魚躍進武王的船中，此乃非常之吉兆。』雖說清盛前往神社參拜的途中應謹守十戒，不應食用葷腥，但他還是叫人把魚烹調了，讓全家子弟和僕從們分著吃了。從此以後，吉祥之事接連不斷，自己做到太政大臣高位，子孫也都得陞官，真比雲龍飛昇還要快，超過了先祖九代的舊例，實在是值得慶賀。」

平清盛從伊勢乘船到熊野去，我則準備搭乘地面電車，從廣島市區出發，到統管一

左：位於廣島公園內的廣島
城天守閣
右：原爆之前的廣島城

36

國政務的機構，長官稱為守，次官稱為介，古名稱安藝的宮島，會
見安藝守平清盛眼下的嚴島神社。

　　車程不遠，我即利用清晨時分，順道前往建於1589年的廣島城
賞景懷舊。

　　到日本旅行三十年，這是第二度走訪廣島，凌晨六時許的廣島
城公園，寧靜得彷如一座聲息安詳的森林，繞經護城河，走過護國
神社，一路嗅覺林園傳來清新的空氣，不覺使人感到舒暢不已。

　　1589年，時值天下太平，西國大名毛利輝元的舊據點吉田郡山
城雖為重要天險，但為了經濟發展，便又在太田村三角州進行築城
工程。豐臣派系大名黑田長政曾經到此教授築城技術，希望這座城
堡能成為與朝鮮對戰的後盾據點。廣島城遂於1599年建造完成。

　　日清戰爭（清朝稱甲午戰爭），基於山陽鐵道延伸至廣島，加
上宇品港（現稱廣島港）可停泊大型船艦為由，總司令部遂由東京

遷往廣島城；1894年夏末至1895年春末期間，明治天皇住進廣島城，帝國議會也於城內召開，廣島城正式作為軍事基地，並充當日軍主要後勤單位，暫時取代東京的首都功能，成為軍都，居全國六鎮台之一，直到二次世界大戰結束前，廣島實則為日本首都。

廣島城天守閣於1931年被指定為國寶，卻於1945年8月6日遭美軍原子彈襲擊，強烈的爆風、爆壓和幅射摧毀，使大半建築在瞬間化為灰燼。1953年被指定為史蹟後，1958年天守閣復以鋼筋構築，重建完成，1994年二丸平櫓、多聞櫓、太鼓櫓及表禦門也都復原，廣島城才又恢復昔日風采。目前城堡內的設施有廣島護國神社、中國放送、池田勇人首相銅像以及廣島市中央排球場。

天守閣現為歷史文物博物館，內部陳列展示廣島的歷史發展、武士家族文化資料，以及照片及影片簡述廣島從遠古到廣島城的興建過程。三、四樓分別是刀劍類及特別主題展覽室，五樓則為瞭望台。每年春季櫻花盛開期，廣島城公園必定吸引許多賞櫻的遊客到訪。

原爆後65年，首相菅直人指出，「上次大戰，對許多國家，特別是亞洲各國人民，造成重大損害和痛苦，深切加以反省，並對犧牲者和遺族謹示哀悼之意。」從遺憾中重生的歷史，廣島城自一片灰燼中迅速綻開成一朵象徵平和的夏日文殊蘭，奇蹟似地存活下來。

別名叫「鯉魚城」的廣島城

廣島城地景：廣島市中區基町21-1，縣立綜合體育館旁。紙屋町西，鯉城通り與城南通り交叉點。

廣島原爆の館

過去不會永遠停留在那一刻

人，就是要經歷失敗，才能慢慢成長。

　　利用停留廣島的短暫時間，前往二次世界大戰受襲最嚴重的原爆之心，打算探訪當年對外窮兵黷武，進行國土擴張，以「保護國體」的軍國主義為中心思想，致慘遭嚴重傷害的無辜土地與生命。

　　從廣島城公園廣場散步到廣島原爆紀念館的路程不遠，走過相生通リ，我的思維反覆盤旋在激進的軍國主義，以無所不用其極的方式將軍人塑造成殺人機器，並激發人民對戰爭的熱情，以確保民意對戰爭的支持，形成國策思想所造成的災難；1930年代的大日本帝國如此，1949年後的台灣，在中華民國政府實施戒嚴時期，為了確保反攻大陸的力量，也同樣實施過類似軍國主義的政策。

　　日本在1930年代的國策，是建立在沒有獲得穩定的自然資源供應之前，不便與歐洲強權對抗，但為了取得自然資源，又必須挑起一場自知無法獲勝的戰爭策略。侵華戰爭、在滿州建立傀儡政權，都與日本的終極目標一脈相承，日本在戰爭中堅持這種不得人心的作法，令國內不少政治精英，意識到將會為國家帶來一場自取滅亡的禍害，但誰都無法與無能制止，因為，提出異議的人士，必遭法西斯色彩的秘密社團發動暗殺行

上：從平和公園隔著元安川看原爆圓頂屋
下：被原爆炸傷的地藏王石像

動，威脅生命安危。

　　直到1945年8月6日，美國空軍B-29超級堡壘轟炸機「艾諾拉‧
蓋」經過特別改裝，攜帶一枚名叫「小男孩」的核武原子彈，投擲
到廣島市，引爆約十四萬人死亡，軍國主義的政體主張頓時無依，
差些滅絕。

　　沒有人能確定到底有多少人真正在原爆攻擊中喪生；七萬六千
棟的建築，約有七萬棟被夷為平地。這場慘絕人寰的事件，使廣島
遭受毀天滅地的破壞。這是美國原子彈首次應用於軍事行動，並促
使廣島和長崎相繼遭受原子彈無預警的襲擊，更逼迫日本在第二次

受襲後的第六天向盟軍投降。

　　慘烈的歷史不會永遠停留在那一刻，原子彈爆炸後，廣島被重建為「和平紀念都市」。目前僅存最接近引爆中心位置，一棟名叫「原爆圓頂屋」的舊商社建築，供人憑弔。

　　原爆圓頂屋原本是廣島縣產業促進館，當年這棟建築物是由一位捷克建築師所設計，從廣島縣物產陳列館、廣島縣商品陳列所，最後改名為廣島縣產業促進館。當時，那顆名叫「小男孩」的原子彈，即在這棟建築物上空約600公尺高的位置爆裂，原子彈落地時，爆炸中心附近的建築全被夷為平地，這棟圓頂產業促進館無人倖存，徒留一部分頹圮的牆壁，勉強屹立沒有傾倒。後來，原爆圓頂屋被當作該起事件的紀念物而獲得保存，並列入世界文化遺產。

　　每年8月6日，廣島市長都會發表和平宣言，以悼念廣島原子彈爆炸事件。2010年8月6日，第65屆全國陣亡者追悼儀式會中，與會的日皇明仁指出：「回顧歷史，深切期待戰爭的慘禍不再重現，和全國國民對上次大戰死於戰場的受害者由衷表示追悼之意，並祈

41

求世界和平。」

　　俄國文學家托爾斯泰在他著作的《戰爭與和平》一書中說：「歷史，也就是人類無意識的共同集團生活，將皇帝生活的所有瞬間，當作是達成自己目的的道具，只為自己而利用這個道具。」歷史中的許多慘烈事件都告誡人們：驕奢者不會，也從不肯記取歷史留下的任何教訓，兩顆原子彈的威力，使軍國主義的思維在太平洋戰爭中徹底慘敗，日本政府終於在一敗塗地的戰火裡，學會從失敗中得到教訓，並以和平訓勉自己：人，就是要經歷失敗，才能慢慢成長。

原爆館地景：廣島市中區，紙屋町相生通り，原爆館站，元安川畔。

左：廣島原爆館展示原爆頹圮的景象
中：廣島原爆直衝雲霄
右上：廣島原爆圓頂屋原是「廣島縣產業獎勵館」
右中：原爆後，殘破的廣島市容
右下：島外科原址為原爆地心點

和平，
只是歸零的開始

沒有存在於未來的和平，和平完全根植於
現在的行為活動。

《平家物語》首卷中所提的「祇園精
舍」，正是古時印度捨衛國的著名寺院。精
舍即寺院，意為精練行者居住之所。寺中僧
侶養病所居的無常院有一口玻璃鐘，其響聲
似在訴說《涅槃經》中的四句偈語：諸行無
常，是生滅法，生滅滅已，寂滅為樂。

拿這段話語用來形容日本發動太平洋戰
爭，最終卻敗在兩顆原子彈，從而明白人類
和平相處的重要性，也頗為合理。

1945年8月6日，廣島市成為世上第一
顆原子彈爆炸地，整座城市毀於一旦之後，
來自世界各地的善心人士，便經常聚集在此
祈禱人類和平，希望戰爭不再發生。

屋頂被燒彎，鋼筋裸露，外牆塌落半毀
的「原爆圓頂館」，坐落在被認為是「悲劇
城市」的廣島市元安川畔，與和平紀念公園
咫尺相對，這棟遭受原子彈摧毀的建築，後
來更成為廣島的象徵，多年來，世人仍舊習
慣將廣島和原爆聯想在一起。

1915年建成的廣島縣產業促進館，遭
受原子彈轟炸後，鄰近的建築全毀，唯這棟
歐式樓房以及一尊地藏王菩薩雕像，奇蹟般
地存留下來，其毀壞的慘狀好似向世人訴說
著原爆的恐怖景象。為了讓後人瞭解戰爭的

左上：廣島原爆平和公園內
的「平和之火」
左中：廣島原爆平和公園的
「平和鐘」
左下：廣島原爆平和之花「文
殊蘭」（作者 Cody Hough）
右：廣島原爆平和公園內的
「動員學徒慰靈塔」

罪惡與和平的可貴，這棟樓房已被聯合國教科文組織列為世界文化遺產。

　　1954年4月1日落成，由丹下健三設計建造的和平紀念公園，則位於太田川和元安川兩條河流之間，並隔著元安川與原爆圓頂屋對望。公園裡闢建有和平紀念資料館、和平紀念碑、憑弔原子彈受害者的供養塔和慰靈碑，以及燃燒著和平之火的水池。

　　其間，人們又發現，美國在日本廣島投下第一顆原子彈，造成原爆後，一種名叫「文殊蘭」的白花，奇蹟似的存活下來，因此，當地人便將文殊蘭稱為「和平之花」，象徵人類生生世世追求永遠和平，不再為侵略謀奪而爭戰。

　　每年8月6日，為了祭祀原爆中死難的亡靈，並祈求世界永久和平，官方會在和平紀念公園的原子彈爆炸死難者慰靈碑前，舉行和平紀念儀式；儀式上，廣島市長宣讀和平宣言，呼籲廢除核武以實

現世界和平，同時將宣言發送世界各國。就在原子彈著地爆裂的上午8點15分，園區的和平鐘聲響起，市民在儀式會場、家庭、辦公室，集體為死難者默哀一分鐘。晚間，則在流經原爆圓頂屋的元安川等六條河川舉辦點燈漂流活動，以為慰藉亡靈。

到原子彈之子的雕像前摺紙鶴為和平祈福，到安置和平之鐘的荷花池畔，聽鐘聲敲響《涅槃經》：諸行無常，是生滅法，生滅滅已，寂滅為樂的梵音，七月初夏的清晨時刻，我在廣島和平紀念公園，靜心聆聽人類祈禱永久和平的聲聲偈語。

托爾斯泰說：「活著與死去是一樣的。好好地活著，就如同好好地死去。因此，為了要好好地死亡，現在，就必得努力的好好活著。」同樣道理，沒有存在於未來的和平，和平完全根植於現在的行為活動。在當下不表現出信仰和平的人類，是因為他並未擁有過和平，甚至不懂和平真正意涵的緣故。

過去，只是歷史曾經存在過的證明；和平，必須從歸零開始做起。

左：廣島原子彈死者追悼平和祈念館
右：廣島原爆平和公園的「原子彈之子紀念像」

45

和平紀念公園地景：廣島市中區，紙屋町相生通り，原爆館站，元安川畔。

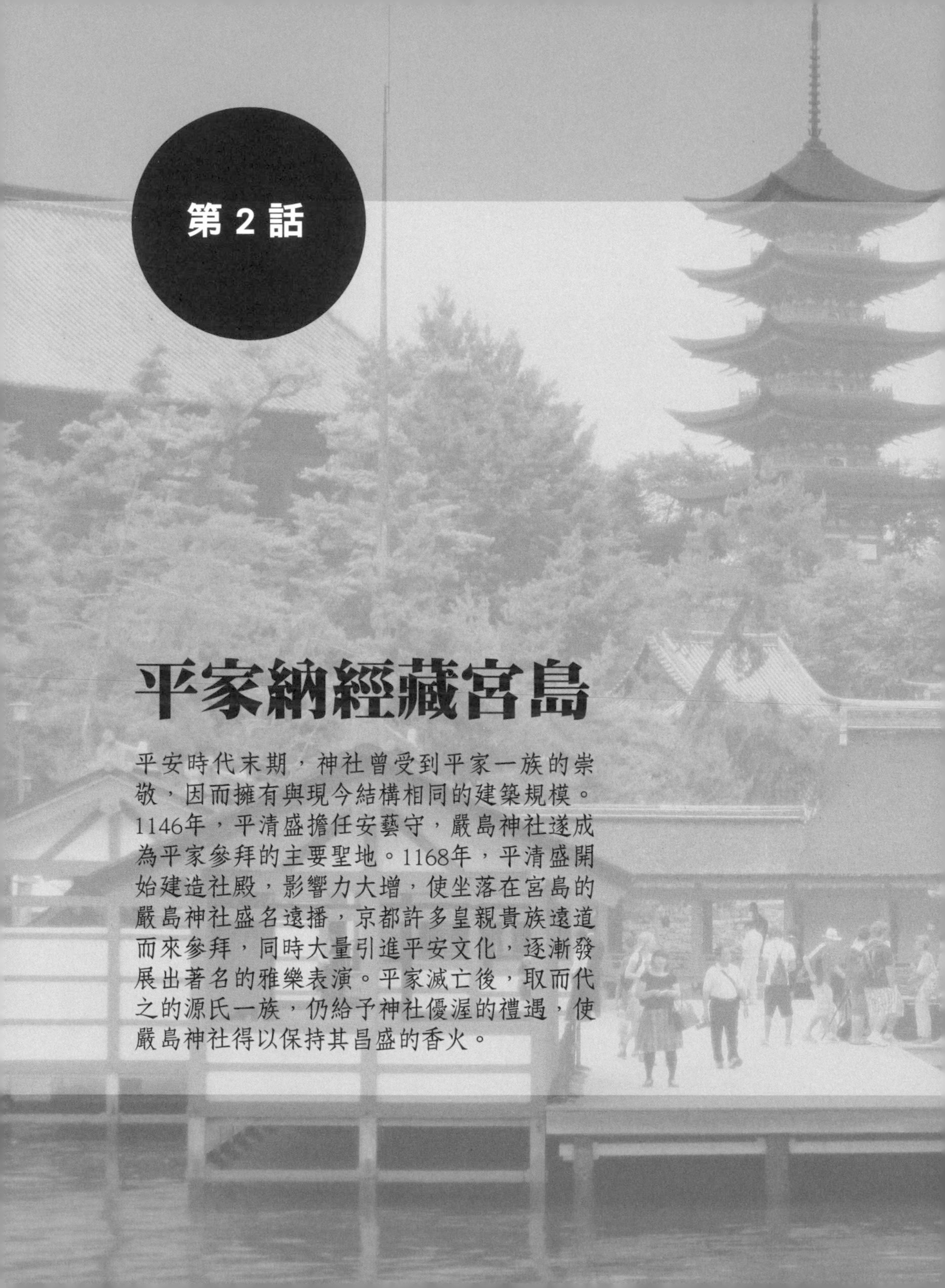

第 2 話

平家納經藏宮島

平安時代末期，神社曾受到平家一族的崇敬，因而擁有與現今結構相同的建築規模。1146年，平清盛擔任安藝守，嚴島神社遂成為平家參拜的主要聖地。1168年，平清盛開始建造社殿，影響力大增，使坐落在宮島的嚴島神社盛名遠播，京都許多皇親貴族遠道而來參拜，同時大量引進平安文化，逐漸發展出著名的雅樂表演。平家滅亡後，取而代之的源氏一族，仍給予神社優渥的禮遇，使嚴島神社得以保持其昌盛的香火。

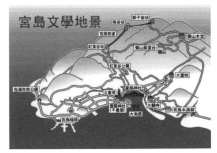

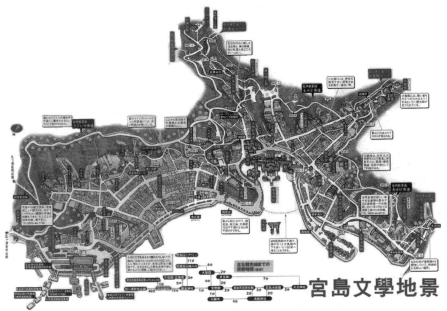

宮島文學地景

武士集團爭戰的
《平家物語》

塑造王朝文學所不曾有過的披堅執銳、躍
馬橫槍的英雄人物。

　　《平家物語》為日本平安時代末期和鎌
倉時代初期出現的長篇歷史戰爭小說，原
稱〈平曲〉，又稱〈平家琵琶曲〉，作者不
詳，是盲藝人芳一以琵琶伴奏演唱的臺本，
原著三卷，後經說書人一再傳唱、補充，並
加入不少文人校勘，遂於1201到1221年期
間形成今日傳述的十三卷本。

　　《平家物語》一書內容，主要圍繞在以
平清盛為首的平家和以源賴朝為首的源氏，
兩大武士家族政爭的故事，全書以編年體寫
作。內容分三部分。第一部分敘述平清盛登
上第一位武家當上太政大臣職位的大人物
後，性情丕變，變得跋扈、驕奢與霸道，除
了將女兒建禮門院德子嫁給高倉天皇，更排
除眾議，讓年幼的外孫登基為安德天皇，並
囚禁後白河法皇，控制整個朝廷，以致內戰
四起。

　　第二部分則著重在長子平重盛去世不
久，平清盛也因熱病過世，由三子平宗盛繼
承平家。平宗盛能力不足，戰力不夠，導致
平家漸趨衰敗。此時，平家對手，源氏的木
曾義仲趁勢崛起，攻掠京城，逼迫平家撤遷
西國。義仲進入首都後，無法約束軍隊，軍
心渙散，最後由身在鎌倉的源賴朝下令兩位

上：《平家物語》繪卷卷首
中：宮尾登美子著作的日文
版《平家物語》
下：日文版《平家物語》漫
畫本

弟弟源範賴和源義經追討義仲，並且將義仲斬首示眾。

　　第三部分的重點集中在被日本人視為戰神的源義經身上，義經進入京城後，受到後白河法皇的信賴，並在追討平家的一ノ谷之戰、壇の浦之戰中立下輝煌戰績，被視為打敗平家，使平家由盛至衰，終被消滅的最大功臣。由於戰功彪炳，引起源賴朝妒嫉，下令追殺，義經一路逃到奧州的平泉，起初，還受到藤原秀衡的庇護，但秀衡死後，其子藤原泰衡為了討好源賴朝，逼得義經自盡身亡。

　　儘管原作者有意把平家的滅亡歸咎於平清盛為所欲為的驕奢惡行，但在本質裡卻道出「貴族化」才是讓平家走向衰敗的癥結。台灣遠流文化出版的《平家物語》譯本，強調本書最大的藝術成就在於塑造王朝文學所不曾有過的披堅執銳、躍馬橫槍的英雄人物。全書貫穿了新興的武士精神，武士、僧兵取代貴族的地位，繼而成為英姿勃發的傳奇人物。這些形象的出現，象徵日本古典文學開創了與王朝文學迥然不同的傳統寫作新局，對後世文學發展具有深遠影響。

左上：《平家物語》的後白河法皇畫像（宮內廳藏「天子攝關御影」）

左下：帶著兒女在雪中逃離平家追殺的源義經之母常盤御前，後來被平清盛納為愛妾（本居宣長紀念館藏）

右上：《平家物語》主角之一源賴朝畫像

右下：《平家物語》主角之一源義經繪圖（中尊寺藏）

　　根據台大歷史系教授李永熾的評論，與出自平安時代初期，紫式部創作的《源氏物語》並列為日本古典文學雙璧的《平家物語》，一文一武，一象徵「菊花」，一象徵「劍」。在日本，《平家物語》主要版本有日人稱為「國民文學作家」，先後著有《宮本武藏》、《三國英雄傳》等書的吉川英治所著《新・平家物語》，以及宮尾登美子的《平家物語》等。全書敘述享盡榮華富貴的平家一族，在棄京之後的源平合戰，歷經一ノ谷、屋島、壇の浦等戰役後，節節敗陣，終至滅亡，寓寄了《平家物語》的警世縮影，並藉由指摘，警諭驕奢必敗的諄諄誡語。

　　平安時代末期的1146年，平清盛擔任安藝守期間，嚴島神社即已成為平家參拜朝聖之地，安藝為廣島縣宮島古名，平清盛時居長官之位。1168年，他開始建造社殿，影響力大增，使坐落在宮島的嚴島神社盛名遠播，京都許多皇親貴族遠道而來參拜，同時引進大量平安文化，嚴島神社頓時成為與《平家物語》有著密切關係的聖地，平家興盛時，平清盛曾納經到嚴島神社，更添這個神社給予後人神祕色彩的強烈感受。

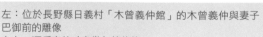
左：位於長野縣日義村「木曾義仲館」的木曾義仲與妻子巴御前的雕像
右上：源氏家紋（家徽）笹龍膽
右下：平家家紋（家徽）揚羽蝶

宮島地景：屬廣島縣，位於廣島灣附近的小島，可搭廣島地面電車直達乘船口。

與源義經命運相似的
蘭陵王高長恭

我對國家如此忠心，哪裡辜負皇上，他為
甚麼要賜我毒酒？

平清盛擔任安藝守的年代，正值中國宋朝，對於唐宋文化特別感興趣的日本，八世紀初即引進頌揚中國北齊王朝的王子高長恭的舞樂〈蘭陵王〉。進入平安時代，這個舞樂在朝廷被賦予重要地位；《源氏物語》一書中曾提及，貴族遊玩場合中屬於雅樂的「蘭陵王」被繁盛地傳承。平安時代末期，平清盛將這種華麗的舞樂文化從京城帶到嚴島，作為嚴島神殿祭神時貢獻的舞樂之一。

出生中國南北朝的高長恭，名高肅，北齊大將，世稱蘭陵王，是北齊高祖高歡之孫，文襄帝高澄第四子，史稱中國第一美男子。據稱，相貌俊美、武藝高強的高長恭，臉龐和五官美到上戰場作戰時，一定要戴上凶惡的鬼面具，增加氣勢，威嚇敵人。

河清3年（564年）12月，芒山之戰，北周攻擊洛陽，段韶、斛律光與高長恭奉命前往救援，高長恭帶領五百名騎兵衝進北周軍隊，到達被圍的金墉城下，因為臉戴面具，城中人不確定他是敵軍或我軍，直到高長恭把面具脫下，讓大家看清他的真面貌，城中人才放箭保護他，高長恭成功解圍，北周軍隊最後棄營撤退。這是高長恭最受矚目的戰役。根據《北齊書》記載，士兵們因為

51

上：宮島口市街景象
中：宮島乘船所廣場的鳥居
下：宮島口乘船碼頭一景

這場戰役，便以〈蘭陵王入陣曲〉歌頌他。同年，他被任命為尚書令，後又歷任司州、青州與瀛州的地方首長。武平3年（572年）8月，被任命為大司馬，次年4月擔任太保。

芒山之戰後，北齊後主高緯曾問高長恭：「你如此勇猛的衝進敵陣中，如果不小心發生意外，怎麼辦？」高長恭回答說：「國事就是家事，在戰場上我不會想到危險。」後主因為他說了句「家事」，又聽到士兵們傳唱〈蘭陵王入陣曲〉，便開始猜忌他將來必定會謀反篡位。

定陽之戰，高長恭代替段韶率領軍隊出戰，卻常收賄，累積財富，屬下尉相願問他：「你既受國家委託，為何還要如此貪心？」高長恭沒有作答，尉相願繼續問道：「是不是芒山之戰大勝，你怕功高震主，遭人忌妒，所以故意做出令人瞧不起的事？」高長恭點頭示意。尉相願說：「如果朝廷真的對你有所妒忌，你現在的作為更容易被羅致罪名，不但不能避禍，反而易於招禍。」高長恭屈膝求討尉相願解決之道，尉相願說：「你之前為國立下不少戰功，這次依然打勝仗，聲望太高，最好的方法便是告假返家，別再插手國家政事。」高長恭同意他的說法，自朝廷引退。

武平4年（573年）5月，高長恭的哥哥北齊後主高緯，派遣使者徐之範送毒酒給高長恭，高長恭跟妻子鄭氏說道：「我對國家如此忠心，哪裡辜負皇上，他為甚麼要賜我毒酒？」妻子回說：「何

不當面跟皇上說明白呢？」高長恭答：「皇帝怎可能見我。」遂飲
酒自盡而亡。不久，妻子鄭氏遁入佛門出家為尼。

　　喜歡悲劇英雄的日本人，便把相貌同樣俊美，命運相似，最後
都被親兄長追殺而死的蘭陵王高長恭和《平家物語》中的源義經等
同看待。

　　話說源義經押解平宗盛父子等凱旋返回鎌倉，但就在抵達鎌倉
城外的腰越時，源賴朝遣使命令源義經不得進城，只要交出人犯即
可。對於遭兄長猜忌深感痛心的源義經於1185年5月24日，在腰越
的滿福寺寫下了著名的〈腰越狀〉，委託源賴朝的親信能臣大江廣
元代為轉達其手足情深、忠心不二的真摯心意。其大意如下：

　　臣生未歲，夙遭閔凶，賴母懷抱，忐忑相依，諸國流轉，隱姓埋
名。幸天憐助，木曾伏誅，平家敗亡。或險崖縱馬而不顧命，或怒海
凌波而罔惜身，枕甲而戰，無日忘志，惟慰父靈，以遂宿望。臣無貳
心，尚祈御宥，紙短情長，望垂聖察。
　　元曆二年五月日　　左衛門少尉源義經進上　　因幡前司殿

　　儘管如此，冷酷的源賴朝始終不為所動，仍對源義經窮追不
棄，迫使義經最後在岩手縣平泉的住所高館手刃妻子靜御前與4歲
的女兒龜鶴御前，再引刀自裁；源義經波瀾萬丈的31年生涯終以悲
劇落幕。

上左：《平家物語》的源義經（右），左為藤原秀衡（安田靫彥筆）
上右：被親兄源賴朝追殺，源義經最後手刃妻子靜御前與４歲的女兒龜鶴御前，後引刀自裁
於住所高館，高館位於岩手縣平泉
下：源義經在腰越滿福寺寫下感人肺腑的〈腰越狀〉，請求親兄源賴朝解除對他的誤解與猜忌

　　八世紀初即傳入日本的〈蘭陵王入陣曲〉舞樂，其芳醇的樂章
與華麗的舞蹈，正鮮明地在嚴島神社被貢獻作為每年5月18日祭神
時的傳統文化，而在中國，〈蘭陵王〉舞樂反而消失不見。

　　就在宮島渡船頭的街口，戴著面具的蘭陵王高長恭的塑像，被矗
立在廣場公園裡，謳歌著自平安時代以來，未曾間斷的獨特舞樂。

蘭陵王雕像地景：宮島渡船頭入口處，JR宮島口車站、廣島地面電
車宮島口站可達。

參拜，安藝守平清盛

遠古以來，一直被認為是神明居住的宮島，為日本三景之一。

自遠古時代，宮島即被當作神島，人們對它崇敬不已。正由於受到這種信仰的不斷薰陶，使嚴島神社的獨特文化以及神聖的大自然得以保存。成為世界文化遺產而名揚四方的宮島，已然被視為人神共存之島。

有關嚴島神社的正式記載，弘仁2年（811年）時，以「安藝國佐伯郡 伊都岐島神社」的名稱被收錄於日本史書《延喜式》當中的〈延喜式神名帳〉。平清盛在久安2年（1146年）擔任安藝守之後，嚴島神社理所當然成為平氏一族參拜的聖地，仁安3年（1168年），平清盛開始建造社殿，使得嚴島神社盛名遠播，平家並積極引進當時流行的平安文化，神社著名的〈蘭陵王〉舞樂表演，就是從那段期間開始。

按照律法規定，新任的國司必須照例到國內重要神社參拜，嚴島神社位於廣島灣海域中，崇祀市杵島姬命尊等三女神，平清盛擔任安藝守時，將神社供奉的神明奉為平氏的氏族神。

1118年出生的平清盛，是平安時代末期的武將，相傳平清盛的母親祇園女禦懷有白河天皇的子嗣後，被天皇賜與平忠盛，後來便有平清盛其實是白河天皇的私生子，而

上：宮島之鹿被奉為神明看待
下：世界文化遺產嚴島神社紀念碑，從石雕孔可見到海中大鳥居

非平忠盛所出的說法。

　　平清盛在大治4年（1129年）被授予從五位下左兵衛佐的官職。久安2年（1146年），平忠盛因為討伐海盜有功升任刑部卿，平清盛則接任其父原有的官位，從四位下中務少輔兼安藝守。這一役讓平家掌握了瀨戶內海的制海權。之後，平清盛與父親一同致力於擴大平家在西日本的勢力，同時開始信奉位於宮島的嚴島神社的神祇。仁平3年（1153年）平忠盛去世，接班人平清盛開始成為京都伊勢平氏一族的領袖。

上：宮島入口處
左下：宮島的日本三景石碑
右下：宮島堤岸邊的鳥居

左：宮島商店小街
中：宮島著名的牡蠣便當
右：宮島以紅葉饅頭聞名

平清盛在保元元年（1156年）發生的保元之亂中與源義朝聯合支持後白河天皇，並獲得最終勝利，而贏取後白河天皇的信賴，被擢升擔任播磨守及大宰大貳。此後，平清盛與藤原信西聯手擴張權力的企圖，讓藤原信賴與源義朝大表不滿，兩人舉兵對抗，於平治元年（1159年）發生平治之亂，這場戰事最後由平清盛取得勝利，源義朝被其誅殺，以源義朝長子源義平為首的源氏族人均遭重刑，被捕的源義朝三男源賴朝最後被處以流放到伊豆國。平清盛自此奠定了武家政權的基礎。

平家一族的興盛繁榮，顯然根植於平清盛個人非凡的才能及強悍的個性之上，然而，穩固的治國體制尚未建立，他的計畫即隨著病故人亡而政息，這同時也是平家滅亡的遠因，因為平家一族除了平清盛之外，幾乎無任何優秀後輩得以接收續存。

搭乘渡輪前往創建於6世紀末，現存的建築則是12世紀時，由平清盛所重建的嚴島神社，從渡輪遠望依山傍海的寺院景觀，連綿矗立於海邊的紅色建築，使人興起一股熱烈的朝聖心情，尤其見到漲潮後浸泡在海水之中，高16公尺的大紅鳥居，不免感到宮島所以能成為日本三景之一，自有其令人崇敬的自然美貌，以及平清盛重建神社的獨到眼界。

從渡口下船，沿途與梅花鹿相遇，見小街商店販賣木製飯杓、特產紅葉饅頭、牡蠣剉冰，嚴島神社這一條由石塊鋪設的濱海小徑，可讓人走來感到悠閒不已唷！

嚴島神社地景：從宮島口渡船頭搭乘渡輪，約五分鐘即可抵達。

孤立在宮島邊陲的
清盛神社

平清盛死後，盛極一時的平家即敲出亡國
喪鐘。

清盛神社位於嚴島神社左方，鄰近西松
原，這裡是由攜帶大量泥沙沉積擴展填補成
的新海灣，從這個小沙洲的位置觀賞海中大
鳥居格外清晰，只是神社位居僻遠處，鮮少
有遊客會走到這邊來參拜；人少，反而可以
讓人清閒自在的坐到岸邊石墩上，悠靜的看
著湛藍海水，承載變化無窮的陽光與海水互
映出的燦爛光芒。

這是文學旅行最大的特色，我在這座為

上：鄰近西松原的清盛神社
供奉平清盛
下：位於宮島臨海小洲邊陲
的清盛神社

左：全盛期的平清盛在嚴島神社用扇子把正要西沉的夕陽叫回來的傳説繪圖（勇齋國芳錦繪，國立國會圖書館藏）
右：幼年名叫虎壽丸的平清盛

了表彰和撫慰平清盛武勳榮譽，而在這位武將去世後770年的1954年3月建造的神社前攝影、賞景，想見曾經輝煌的平清盛，如今一樣讓人們用石燈籠、種植松樹，以及使用檜皮葺棋為屋頂，替他蓋了座象徵榮耀與懷念的神社，並於每年3月20日的清盛節，舉行慰靈活動。

歷史故事中的人物，小說故事中叱吒風雲一時的大人物，身後數百年，依舊和凡人一般，留予他人說點滴。

幼年名叫虎壽丸的平清盛，十一歲時行元服禮，改虎壽丸為清盛，十八歲時，清盛拜訪藤原為忠宅邸，得知自己是白河院的私生子，對於白河院的專橫與生母的命運大受衝擊。此後，平清盛的官位步步高升，二十歲時娶妻結井，生下重盛、基盛後不久，結井去世。再加上暗中戀慕的待賢門院棄世，意志消沉的清平盛一度流連於花街柳巷，直到遇見時子，決定再婚。

身居要位的平清盛，不久後突患重病，病情一度危急，甚至連太政大臣也只擔任三個月時間，便辭職歸隱出家，人稱「相國入道」。可他並未因病釋出實權，仍然掌控王朝大局。當時平家一族盛極非凡，不但獨占朝中重要官職；全國各地同時擁有多達五百多座莊園，加上因為推動與宋朝之間的海上貿易而謀取不少暴利，日後隨之流傳「沒有平家一族，其他人就無法生存。」的話語。

養和元年（1181年），平清盛因感染熱病倒下，享年六十四

左：平清盛坐像（六波羅蜜寺藏）
右：嚴島寶物館

歲。死後，由於嫡長子重盛早先病逝，次子平基盛也早早夭折，領
導平家一族的大位自然落在三男平宗盛身上。平宗盛年輕氣盛卻缺
乏和平清盛一般的才幹，亦無法應付全國各地接連不斷發生的反抗
判亂。再者，以法皇為中心的院政勢力再次崛起，逐漸侵蝕平家的
政治基礎。外加飢荒連年發生，種種不利平家的因素相互交織，平
家一族先是在壽永2年（1183年）的俱利伽羅峠之戰敗給源義仲，
平家大軍崩潰，無計可施之下，不得不從京都撤出，最後在文治元
年（1185年）的壇の浦戰役中敗北滅亡。

　　平清盛死後，盛極一時的平家即敲出亡國喪鐘。

　　史學家認為，不論平家最後的命運如何，曾經一手打造日本史
上最大武士家族政權，並能與狡點多變的朝廷及宗教勢力正面交
鋒，更不忘致力於與宋朝進行貿易的平清盛，絕對稱得上是日本有
史以來最重要的政治人物之一。

　　生前將嚴島神社視為平家心靈故鄉的平清盛，死後，島民仍不
忘他對於重建嚴島神社的功績，選擇在更貼近瀨戶內海海域的沙
洲，建造用來祭祀他的神社，讓他鄰近大鳥居，面對日落月昇的大
海，緬懷那一段擁有輝煌戰功的昇平年代。

清盛神社地景：嚴島神社左方，松原西附近。

嚴島神社象徵平家的守護神社

自平安時代以來，嚴島神社一直是有權有勢的平家的守護神社。

　　光從電視影片或照片所見的嚴島神社，已夠華麗、壯觀，一旦親自走進如貴族寢宮建築一般碩大無比的海上參道，那大紅木柱與屋頂所構築的氣派走道，便足以讓這座擁有千年歷史的神社，寫意出使人感到震撼的氣勢。

　　宮島屬於瀨戶內海廣島灣西南部的一座島嶼，面積約為30平方公里，居民約兩千人；行政區劃歸於廣島縣廿日市市。或稱嚴島，或稱安藝之宮島，島上最受矚目的景點是位於海上鳥居而聞名的嚴島神社，以及彌山原始林區；這些建築與原始森林已被列入世界文化遺產之中。

　　宮島除了嚴島神社外，還有以大聖院為首的不少佛寺閣院，另外尚有嚴島神社寶物館、宮島水族館、宮島歷史民俗資料館、廣島大學理學研究所附屬自然植物實驗所、宮島町傳統產業會館等文化設施供遊客參觀。

　　每年到訪宮島的遊客高達三百萬人，因此宮島擁有不少旅館，這些旅館主要集中在宮島棧橋到嚴島神社的商店街旁。宮島每年8月14日都會舉行水上花火節，吸引遊客參觀。

　　由於地理位置獨特及秀麗的山海景致，

上：如貴族寢宮建築一般的嚴島神社

61

上：華麗、壯觀的
嚴島神社
下左：嚴島神社參
拜入口處
下中：嚴島神社入
口處旁的白馬雕像
下右：天神社旁的
日本傳統木拱橋

宮島自古以來即流傳為神明居住的靈島，神社創建時間沒有明確記載，日本學者研判認為約在593年推古天皇即位當年，由安藝國的豪族佐伯鞍職所創建。直到平安時代，由於平家和源氏對神社的支持，使許多京都的皇親貴族前來參拜；1168年，平清盛差人仿當時貴族寢宮重新設計整建，並引進平安時代最盛行的舞樂文化。

進入戰國時代後，由於政局長期不穩，曾導致嚴島神社一度衰敗、荒廢。直到弘治元年（1555年），毛利元就在宮島之戰中獲勝，將宮島收歸為所屬領土，神社才得以恢復昔日香火鼎盛的場景。天正15年（1587年），豐臣秀吉為了供奉在九州征戰中陣亡的將士，命令安國寺惠瓊在嚴島神社旁的山坡建造大經堂，這座讀經所被後人稱作「千疊閣」。江戶時代以後，由於明治政府與廣島藩的支持與維護，前往神社參拜的香客愈加絡繹不絕。

擁有約一千四百年歷史的嚴島神社，自平安時代以來，一直是有權有勢的平家的守護神社，做為日本國內約五百座嚴島神社總本社的宮島嚴島神社，主要祭奉日本神話中的宗像三女神：市杵島姬命、田心姬命和湍津姬命。嚴島神社修築於瀨戶內海海濱的潮間帶上，神社前方立於海中的大型鳥居，壯觀華麗的景色，被譽為「日本三景」之一，為宮島境內最知名的地標。嚴島神社大部分的建築均被日本政府列為國寶，神社亦收藏有許多國寶級的文物。

上：嚴島自古以來即流傳為神明居住的靈島

　　而使嚴島神社聲名遠播，名揚海內外的主因，在於興建自6世紀，原名叫神社島的宮島，其中一部分結構建築於海水中，尤其那一座坐落在海中的大鳥居更富盛名，人們到嚴島神社來，無不被那座大紅鳥居吸引；能夠親睹漲潮時的海中鳥居，或親近退潮後，孤立在沙灘上的鳥居，千秋各異，互為朝聖者最大的趣事。

　　走在漆紅的神社廊道下，彷彿走進平安時代的宮廷之中，我站在神社前的木造廣場凝視海中大鳥居，恰有一種時不我予的慨然。

嚴島神社地景：距離宮島棧橋東南方約12分鐘路程。

宮島是平家一門の 心的故鄉

平清盛在獻上《平家納經》的願文中，感歎的寫道：「四面臨巨海之渺茫」。

平清盛年輕時任職安藝守，奉命修築高野山的大塔，花了近六年時間才完成。有一天，他為了慶賀落成而獨自上山禮拜。當他沿著杉木並立的幽暗小徑，前往深山寺院時，前方忽然出現一名老僧叫住他。老僧以極莊嚴的口吻說道：「日本國的大日如來，除了伊勢神宮就是嚴島神社。大神宮太幽玄，你應速速前往國司所在的嚴島，獻上丹心一片。」

平清盛十分訝異，詢問道：「僧人法號如何稱呼？」

「深山裡的阿闍黎。」老僧留下這句話後，立即一陣煙霧般的消失無蹤。平清盛以為是在作夢，回頭探看四周，且是朗朗乾坤真實的世間。但老僧的話，猶如鋼鐵般硬生生敲進他的腦門。

永曆元年，平清盛因新春拜謁而留在宮島，景弘和內侍建議他對神明表達赤誠丹心，這大概是引發他後來寫經、納經的動機吧！

返京後，平清盛先是來到駿河國的久能寺，不久前，這裡才收藏了鳥羽法皇供奉的二十六卷一品經，傳說那是世上最華麗的裝飾經卷。經卷未曾公開，平清盛透過駿河守

上：嚴島神社經常演出平曲，說唱《平家物語》的故事

幫忙，得以私下賞覽。

　　所謂一品經，是指法華經八卷二十八品中，一品一卷地臨摹書寫，通常是追思祭拜時，眾親戚聚集，用來結緣。久能寺經，據傳是平清盛年輕時，聽聞待賢門院將出家，事先為其逆修，祈求生前成佛所供養的一品經。

　　久能寺打開寶藏讓平清盛觀賞時，經卷小有欠缺，可當他接觸

上：宮島是平家一門的心
靈故鄉

到待賢門院的譬喻品時，還是興奮得全身顫
抖。

　　經文書寫的文字，通常不是本人親筆，
而是請善筆者代寫。這譬喻品也一樣，所以
還是無法看到待賢門院的親筆字。不過，打
開經卷的那一瞬間，仍讓人心頭一驚。

　　「這就是經卷嗎？」

　　竟是如此美輪美奐的裝飾品，由紫、紅
等各式顏色的染紙，或淡或濃地暈染開來，
再以其為底紙，在上頭輕輕灑上金銀切箔、
細砂、芒草，一片燦爛奪目。

　　這應該就是所謂的佛國淨土吧！平清盛
不禁雙手合十。

　　就是這個時候，他決定書寫一部不輸給
這部裝飾經的一品經。

　　「不妨參照源氏物語繪卷。」受到智
者邦綱的建議，平清盛立即前往女兒盛子擁
有的陽明文庫，察看到繪卷真品，閱畢後為
之歎服不已。它是從《源氏物語》五十四帖
中，挑出一到三個場景來繪圖，再配上合乎
文本的說明，使得當時的宮廷生活習俗，歷
歷在目。

　　長寬2年春天，平清盛召集家族，將抄
寫法華經利益眾生、希望供養結緣一品經的
目的告訴家人，希望每人結緣一品，各自盡
其所能地製作最豪華的裝飾經卷，以表示自
己虔誠祝禱的心意。此時，平清盛位居皇太
后宮權大夫，受封從二位，長男重盛則是正
三位的右兵衛督，三男宗盛是正五位下美作
守。一門皆居要職，財力雄厚，製作起裝飾
經來，一擲萬金也是在所不惜呀！

　　抄經的文字，必須是對下筆有信心的

左上：從嚴島神社可清晰看見海中的大鳥居
左下：嚴島神社的大鳥居因色彩紅豔受到矚目
右：位於海上鳥居而聞名的嚴島神社，修建於日本平安時期

人，在沐浴茹素之後，自己動筆書寫。不過，有時也可以聘請有名的經師或書法家代筆，但代筆的作品無法署名。

抄經是一種極度緊要的工作，需一邊不斷念誦經文，一邊抄寫，主家更需一起專心一意地持誦。

於是，平家一門三十二人所受持的法華經二十八品、二十八卷，以及無量義經、觀普賢經、阿彌陀經，再加上願文一卷，共三十二卷，遂於當年九月如數完成。以漢文寫下祈願文則由身為一家之長的平清盛親筆題寫：弟子（清盛）有本因緣，專致欽仰利生揭焉。久保家門福祿，感夢無誤。早驗子弟榮華，今生願望已滿。應期來世妙果……。

完成的經卷陸續送到六波羅，由於製作得實在完美，看過的人都不禁發出驚歎聲。

抄經的文字，不只以墨汁書寫，而是用金泥、銀泥、群青、綠青四類筆分色抄寫；底紙，是在美麗的染紙上灑上金銀細沙、碎箔；表紙裡面則描繪著精細的經義圖畫。

卷軸最後完成時的功夫也是一絕。手編的七色細繩，軸上有金銀鏤花雕飾，研磨成花形的水晶，每朵花都是匠心別具的作品。由於製作完美，前來瞻仰的人都不禁欣羨地說：「猶如置身在夢境裡的極樂淨土啊！」甚至有人感動得頻頻拭淚。

長寬二年九月，結緣的三十二人浩浩蕩蕩前往宮島參拜，在神社本地十一面觀音像前，各自獻上傾全力製作的經卷。

當天夜深時刻，平清盛獨自佇立在突出海面的石台上，仰望夜空，這時，滿天星斗照遍整座神社，閃閃熠熠的星光，彷彿正將祝福一一傳送給他。

回想年輕時代，鎮日在父親的繼承者究竟該是弟弟家盛還是自己的苦惱中度過，這個問題也因家盛猝死獲得解決。繼承平家族長的地位之後，平清盛在心裡發下誓言，一定要繁榮、光耀平家一族，彼此無爭無憎，相互提攜、扶持，才能見到家族榮景。

一直堅信必勝必成的平清盛，透過宮島納經，更加證明自己心中所想。眼下，包括家臣、平家一門龐大的族人，在他一聲令下，三十二人一條心，終於完成足以誇耀世人的納經儀典。

「無限感激啊！嚴島大明神，今後也請您大發慈悲佛心，庇佑

上：平清盛納經獻給嚴島神社的「一品經」原貌

我平家一門永世其昌。」平清盛原本仰望夜空的頭，不知何時垂了下來，冰冷的淚水瞬間從眼眶潸潸流下。

　　這之後，不知是否因納經的功德開始迴向，隔了兩年後的仁安元年11月，敕使平信範來到六波羅，告知平清盛和時子升任內大臣。內大臣位在左右大臣之下，兩大臣無法出仕時，內大臣得替代掌管政務一職。

　　隔三個月，仁安2年的2月，平清盛終於擢升為人臣的最高位太

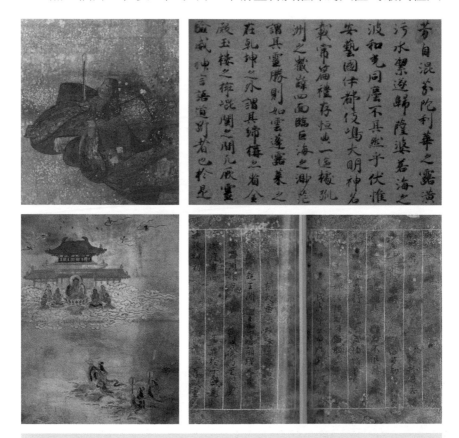

上左：平清盛納經給嚴島神社的「觀普賢經」
上右：平清盛獻給嚴島神社的經書內文
下左：平家納經中的「提波品」（嚴島神社藏）
下右：平家納經繪圖本
右頁
左：平家納經（取材自安田女子大學圖書館）
右：平清盛獻經給嚴島神社的「法華經」經文，左下左為平清盛臨摹的書法

政大臣。這個職位並無職掌，而是一種名譽職，名額只有一位，若非有德者，該職位亦可懸缺。因此，當平清盛接到懿旨時，不難想見心中感激之一斑。

　　隨著官位步步榮昇，他堅信日後必會為平家一門帶來好的影響。

　　終於登上人臣最高位的平清盛，為了答謝嚴島神社的庇佑，隨即以金泥在藍紙上，用漢字一筆一畫精心寫下般若心經。完成後兩天，搭船親自送往宮島。

　　這部般若心經和長寬2年奉納的三十二卷經文合在一起，一共三十三卷一套。如此一來，總算完成了絢爛的納經儀式。

　　仁安3年，神官景弘投注私人財力，重新改建嚴島神社的社殿，背後平清盛龐大的財力支援，自不在話下。改建的社殿，不僅將舊板葺屋頂全部改為檜木皮，而且，內外宮更增建至五座鳥居，社殿五十六棟，迴廊一百一十三道，壯觀而華麗的嚴島神社改建，終於完成。過去從未到過宮島的皇親貴冑，紛紛跟隨平清盛前往參拜。天下人對平家的全盛時代，因「平家納經」而留下深刻印象。

　　日後回顧，平清盛精神最為勃發，平家一門最是團結，就屬這段家族共同抄經、寫經、納經的階段！那時，他上與後白河院、日後的建春門院滋子，以及高倉天皇的憲仁親王意氣相投，下與弟妹、孫輩間的關係和諧、平安，沒一點嫌隙。這應該算是平清盛官職生涯中最興盛的時期吧！

嚴島寶物館地景： 嚴島神社內，距離宮島棧橋東南方約12分鐘路程。

平家の壯大與雄偉的決心

他始終相信，只要守護嚴島，將來必定會受到神佛庇佑。

平清盛擢升為人臣的最高位太政大臣之後，勢力擴張似乎永無止盡，他將自己和時子所生的女兒平德子嫁給高倉天皇為后，以使自己成為天皇的外戚，不顧女兒比高倉天皇長六歲，且與其有表姊弟關係。平德子不久產下皇子，即為《平家物語》故事最終回，無辜沉海死去的安德天皇。

後來，他又把另一個女兒平盛子嫁給攝關家的藤原基實，並且以此開端，讓許多子女和有權有勢的貴族階級聯姻，巧妙地透過政治婚姻的手段擴張自己的勢力。

然而，平清盛的勢力擴張，讓嘉應元年（1169年）出家的後白河天皇為首的院政勢力感到不滿，且逐漸加深雙方之間的對立。治承元年（1177年）發生了企圖推翻平家勢力的鹿谷事件。結果因為多田行綱密告而胎死腹中。平清盛利用這事件，大力剷除參與院政的院近臣。

治承3年（1179年）許多不幸事件接連降臨在平清盛身上，先是其女平盛子去世，後白河法皇未與平清盛商議，逕自沒收平盛子生前所有的莊園。接著，被平清盛視為繼承人並寄予厚望的嫡長子平重盛英年早逝。就在平清盛哀慟不已的時刻，法皇卻又一次

上：嚴島山大願寺
下：嚴島神社的小橋流水
右：嚴島神社的護摩堂

未與平清盛商量即沒收平重盛原有的知行國和越前國。

平清盛終於無法忍受法皇的作為，親率大軍自福原上京，發動治承政變。他將以藤原基房為首的反平氏親貴，約三十九人院近臣全數罷官，並任命親平氏的貴族取而代之。被平清盛此舉驚嚇到的法皇也向他求饒，可震怒的平清盛並不為此放過法皇，隨即將他幽禁到鳥羽殿。自此，後白河院政宣告中止，改由平清盛獨攬大權的平氏政權接手。

平清盛隨後在治承4年（1180年）迫使高倉天皇退位，擁立自己的外孫，平德子之子即位，是為安德天皇。平家一族的全盛時期，其所領知行國土地，足足占有日本全國一半以上。

平清盛雖則財大氣粗，但對於嚴島神社始終敬畏萬分，不時前往參拜禮佛。

他猶記得為了慶賀高野山大塔落成而獨自上山禮拜，在深山遇到老僧要他為宮島獻上丹心一片的歷歷舊事；緣此，他始終相信，只要守護宮島，將來必定會受到神佛庇佑。

此時，站在嚴島神社前庭，看著退潮後的大鳥居，不免想起這個和創立嚴島神社的佐伯鞍職的子孫佐伯景弘關係匪淺的一代武將，面對潮起潮落的大鳥居，是否感觸良多？

潮漲時，瀨戶內海的潮水淹過大鳥居和神社四周的淺灘，使整座神社建築恍如漂浮水中，蔚為奇觀；退潮後，整座鳥居裸露在夕陽下，輝映成一朵孤立的大紅花，供遊客拍照、驚嘆。

總是神奇多過訝異，讚譽多過驚奇。

相傳，古時的日本人選擇在海水中興建神社的原因有二：一為古代日本人想實現在海上建造龍宮，以便用來供奉海上女神；另則，源自於古代的日本人相信死者靈魂會乘船出海，遠赴佛家所云的極樂世界，榮登淨土。

以幽山碧海為背景的嚴島神社，我在潮起潮落中，彷若讀到平清盛一生起落，自他去世後，獨讓曾經使他心靈澄明的海中鳥居，孤寂的亮出一片沉靜。

平清盛臨死前曾出現不祥的夢兆，夢境中，忽然見到階下有數百個人頭，集結成一個大頭，張目瞪眼看著他，而他也膽大氣粗的回瞪過去，不久，人頭便跟著縮小。然後，夢境隨之又跳躍到他家裡養的馬，馬的尾巴竟然讓老鼠築起了窩巢；占卜者認為不祥，說道：「居然敢以小犯大。」鼠為子，馬為午，子午果然成為源氏沖到平家的噩運，使日後的平家一敗塗地。

1181年，平清盛死前，曾留下遺言，說道：「我位極人臣，又為帝者的外祖父，還能有什麼憾事可言，只恨沒能親眼看見源賴朝的頭而死；我死後，不要供佛，也不要念經，只要斬了源賴朝的頭顱，掛在我墳前就行了。」

嚴島神社鳥居地景：距離宮島棧橋東南方約12分鐘路程。

第 3 話

燕返岩國錦帶橋

位於錦川畔的錦帶橋不僅是岩國地標，也是
日本三大名橋之一。在戰國時代跟著名修行
武者宮本武藏在嚴流島決戰的岩國人佐佐木
小次郎，最引人側目的「燕返し」刀法，據
稱即是因為在錦川邊看見柳枝拍打燕子而獨
創出來的絕招。然而，決戰命運，最終仍不
免使佐佐木小次郎和《平家物語》中的源義
經、源義仲一樣，成為人們口中的悲劇英
雄。

岩國市
文學地景

錦帶橋　岩國城　佐佐木小次郎故鄉

島根県
Shimane Prefecture

広島県
Hiroshima Prefecture

岩国市
Iwakuni City

中国自動車道
Chugoku Expressway

寂地峡五竜の滝
Five-Dragon Falls of Jyakuchikyo Gully

宇佐八幡宮 (大杉)
Usa Hachimangu Shrine (Big Ceder Tree)

深谷大橋
Fukaya Great Bridge

深谷P.A
Fukaya Parking Area (P.A)

深谷峡温泉
Fukayakyo Hot Spring

道の駅スパ羅漢
Road-Station Spa Rakan

羅漢山 ハイランドスキー場
Mt. Rakan Highland Skiing Ground

朝倉P.A.
Asakura P.A.

六日市I.C.
Mutsuichi Interchange (I.C.)

大野I.C.
Ohno I.C.

双津峡温泉
Sotsukyo Gully Hot Spring

本郷歴史民俗資料館
Hongo History & Folkore Museum

山陽自動車道
Sanyo Expressway

道の駅ピュアラインにしき
Road-Station Pure Line Nishiki

にしきまち
Nishiki Machi

弥栄峡
Yasaukyo Valley

大竹I.C.
Otake I.C.

厳島
Itsukushima Island

かわやま
Kawayama

美和町歴史民俗資料館
Miwa-Machi History & Folklore Museum

弥栄大橋
Yasaka Great Bridge

なぐわ
Naguwa

むくの
Mukuno

吉川資料館
Kikkawa Museum
旧目加田家住宅
The Former Mekata Residence

岩国I.C.
Iwakuni I.C.

おおたけ
Otake

観音水車「でかまるくん」
Kannon Waterwheel (Dekamaru Kun)

吉川家墓所
Graveyard of Kikkawa Family
香川家長屋門
Nagayamon Gate of the Kagawa Residence

しんいわくに
Shin Iwakuni

岩國城
Iwakuni Castle

岩屋観音窟
Iwaya Kannon Cave

ねがさ
Negasa

吉川公園
Kikkawa Park

岩国城ロープウエー
Iwakuni Castle Ropeway

地底千国美川ムーバレー
Kingdom-of-Earth Bottom Mikawa Mu Valley

きたごうち
Kita Gouchi

JR岩國車站
iwakuni

梅津の滝
Umetsu Falls

ゆかば
Yukaba

岩国美術館
Iwakuni Art Museum

みなみごうち
Minami Gouchi

みしょう
Mishou

かわにし
Kawanishi

にしいわくに
Nishi Iwakuni

周南市
Shunan City

錦帶橋
The Kintai Bridge

はしらの
Hashirano

紅葉谷公園
Momijidani Maple Park

みなみいわくに
Minami Iwakuni

旧蚊合戦古戦場跡
Site of Old Kurakake Battle

くが
Kuga

きんめいじ
Kinmeiji

玖珂P.A
Kuga P.A.

ふじゅう
Fujyu

すおうたかもり
Suo Takamori

玖珂I.C.
Kuga I.C.

つづ
Tsuzu

下松市
Kudamatsu City

岩徳線
J.R.Gan-Toku Railway Line

ねかわ
Yonekawa

たかみず
Takamizu

田ノ口大樋
Tao-nokuchi Tameite

由宇温泉
Yuu Hot Spring

ゆう
Yuu

潮風公園みなとオアシスゆう
Shiokaze Park, Minato OASIS Yuu

下松S.A
Kudamatsu Service Area (S.A.)

広島東洋カープ由宇練習場
Hiroshima Toyo Carp Baseball Practicing Ground of Yui

山口県ふれあいパーク
Yamaguchi Prefecture Fureai Park

光市
Hikari City

熊毛I.C.
Kumage I.C.

柳井市
Yanai City

こうじろ
Koujiro

小次郎燕返し

錦帶橋畔遇見
佐佐木小次郎

櫻花呀！不要怨嘆賀茂河上的風吧！它無
法阻止花的凋落。

　　離開嚴島神社，準備搭乘JR線前往門司
時，宮島口車站的上空飛來幾隻不知名的
鳥，盤旋迴繞，久久不去；這使我想起《平
家物語》書中記載著法皇的親信新大納言的
一段趣事：「他在石清水的八幡宮裡召集了
一百個僧人，誦讀《大般若經》六百卷全
卷，歷時七日，這期間有三隻山鳩從男山方
向飛來，落在高良大明神前面的桔樹上，相
互撲啄，最後都死了。」書又云道：「新大
納言對這個徵兆毫不在意，因為白天人多，
便每夜出去，從中御門烏丸的住宅徒步到上
賀茂神社，連續參拜了七個晚上。到了最後
滿願的那一夜，參拜過後，回到住所，感到
非常疲憊，才一合眼就夢見自己到了上賀茂
神社，一推開寶殿的門便傳來一陣可怕的
聲音說道：櫻花呀，不要怨嘆賀茂河上的風
吧，它無法阻止花的凋落。」

　　喜歡這句：「櫻花呀，不要怨嘆賀茂河
上的風吧，它無法阻止花的凋落。」這話
分明表述日本人對於生命短暫似櫻落飄瀟的
意識。就在我打算前往門司途中，必經的岩
國，不也誕生了一位「活著，就要麗似夏
花」的佐佐木小次郎嗎？我便中途下車，藉
機探望與著名的參禪武士宮本武藏在巖流島

左上：岩國車站
左中：岩國車站對街，安全
島上的錦帶橋造型
左下：錦帶橋由岩國藩三代
藩主吉川廣嘉建造
右：位於錦川畔的錦帶橋，
被做為岩國地標

78

決鬥作殊死戰的小次郎的出生地。

　　岩國市位於山口縣東端、瀨戶內海的安藝灘西岸。山頂的岩國城，17世紀初由武將吉川氏所建，七年後遭德川將軍一族毀壞，20世紀中葉又被重新修建。從岩國城天守閣最上層的瞭望臺可將岩國市景盡收眼底。其中，最顯眼者，當屬岩國市著名的錦帶橋，不僅為岩國地區的地標，也是日本三大名橋之一。

　　錦帶橋跨越山口縣最大的錦川，延寶元年（1673年）岩國藩三代藩主吉川廣嘉創建，橋長210公尺、寬5公尺，橋身呈半圓錦帶狀，利用組合木構式技法施工，以橋本身的重量加強支撐力，整座

橋未用任何一根釘，因而聞名。錦帶橋數百年來屢遭洪水沖毀，現今的木製橋為2004年改建。

　　錦川除了聞名的錦帶橋之外，夏季期間，遊客尚可觀賞到擁有三百餘年歷史的傳統鵜飼捕魚活動，鵜又名鸕鶿。尤其夜間的鵜飼捕魚均遵循古法，遊客藉由熊熊火光得以清楚觀賞到漁師利用訓練有素的鸕鶿捕捉河中小魚，這時，暗夜河面的點點燈火，易於使人引發思古幽情。

　　鄰近錦川河畔，岩國城下的吉香公園，矗立有一座佐佐木小次郎舞劍弄刀的雕像。小次郎出生岩國，據聞，他最著名的「燕返し」刀法，就是在錦川邊看見柳枝拍打燕子而獨創出來的。

　　小次郎生在日本戰國時代與安土桃山時代的劍術家，富田勢源的弟子，曾與中條流的鐘卷自齋學習富田流的小太刀技法，但由小次郎獨創的「巖流」劍法，使用的卻是比小太刀長許多的太刀。小次郎的愛刀「備前長船長光」便是長達三尺三寸的長刀，而小次郎的絕技「燕返し」，更是能夠將長刀之利發揮到淋漓盡致的招式。

　　為了到細川家仕官，他受命與宮本武藏在位於關門海峽的巖流島上決鬥。

　　即使練就了一身「燕返し」的劍技，小次郎依舊無法發揮刀長的優勢，最終還是敗在宮本武藏手下。只因武藏在決鬥之前，特意製作了一把木劍，劍的長度為四尺二寸，比小次郎的「長光」整整多了一尺。小次郎在決鬥之前並未將絕技「燕返し」傳給弟子，使得這一招式從而失傳。

左：岩國城下吉香公園的佐佐木小次郎雕像
右上：錦川畔停泊捕鵜的小舟
右下：錦川經常舉辦傳統鵜飼捕魚活動

岩國錦帶橋地景：岩國市錦川河畔，岩國城下，自岩國車站乘公共
巴士約20分鐘可達。

第 4 話

門司港一門戰將

門司位於九州島最北端的企救半島，是日本
從明治到大正時期，繁榮的國際貿易港之
一，更是連接日本本州、九州與歐洲、中國
的要道。以三大急潮流之一著稱的關門海峽
與下關市隔海相望；《平家物語》一書橫跨
的地景包括京都、宇治、比叡山、富山、岐
阜、愛知、伊豆、神戶、四國、中國和九州
等地，其最終戰，同時也是最慘烈的海戰，
即發生於門司和下關，平知盛與源義經兩雄
交戰，敵我廝殺，激起關門海峽漫天刀光劍
影。

門司港文學地景
（關門海峽右側）

KANMON STRAIT

從榮華到衰敗的
宿命轉折

源平兩軍決定在門司和赤間兩處關隘進行
決戰那天，判官源義經和梢原發生爭執。

　　平清盛去世後，平家氣勢跟著削弱下
來，與源氏之間的對決和爭戰不斷，其間經
歷三条合戰、六波羅合戰、俱利伽羅峠合
戰、一ノ谷合戰、屋島合戰、壇の浦海戰
等，戰況慘烈，民不聊生。

　　元歷2年（1185）正月10日，九郎判官
源義經來到法皇宮中，通過大藏卿泰經，向
法皇啟奏道：「平家為神明所逐，被君王所
棄，逃離京都，漂泊西海，成為流亡之徒；
事過三年，猶未就戮，仍然割據一些州國，
真是令人痛恨。如今義經決心追剿，即便追
到鬼界、高麗、天竺、震旦，若不剷除平
家，誓不班師還朝。」法皇見義經頗可信
賴，很是高興，便降旨道：「可立即做好一
切準備，日夜兼程進軍，與之一決勝負。」
義經回到官邸，對東國軍兵宣布說：「義經
作為鎌倉公的代表，恭領法皇欽旨，要立刻
出兵追剿平家，陸地上凡驥足所能到達之
處，滄海中凡舟楫所能通航之所，定要追
及，誓不罷休。你等之中若懷有二心之人，
盡可作速離去。」

　　源義經本為源義朝的么子，乳名牛若
丸，母親常盤御前。平治之亂中失去父親，
跟著母親委身平清盛家。稍長，被送往比叡

左上：火燒三条殿的繪圖
左中：比叡山延曆寺事件繪圖
左下左：一ノ谷合戰繪圖（真田寶物館藏）
左下右：六波羅合戰繪圖
右：宇治橋合戰繪圖（真田寶物館藏）

山鞍馬寺修行，才得知敬如父親的平清盛竟是仇敵。之後悄悄避開平家耳目，到奧州平泉尋求藤原秀衡的庇護，並在那裡度過青年時期。當他聽說同父異母的兄長鎌倉公源賴朝舉兵對抗平家軍，便趕往加入；跳脫常規的靈活戰術，讓他連戰連勝，成為戰神，人稱判官。由於未經源賴朝許可就隨意接受官位，造成兄弟不睦，種下日後兄長追殺親弟弟的悲劇。

　　這時，《平家物語》的故事從平家的榮華，轉折發展到了門司、下關和關門海峽，書云：

　　「源平兩軍決定在門司、赤間兩處關隘進行決戰。那天，判官義經和梢原發生爭執，幾乎演出同室操戈的事來。梢原對判官說：『今天讓我梢原打頭陣吧！』判官答道：『如果義經不在，當然可以。』『那不妥當吧，您是大將軍呀⋯⋯』判官說：『豈有此理，鎌倉公才是大將軍。義經奉命擔任指揮，和你們是一樣的。』梢原覺得搶當先鋒已屬無望，便嘟嚷道：『這一位，天生就不是當將軍

左：俱利伽羅峠合戰繪圖
右：壇の浦海戰繪圖

的料。』判官聽了罵道：『你這全日本第一的大笨蛋！』說著便伸手緊握刀柄。『除了鎌倉公，我不承認任何主公。』梢原也攥緊刀把，這時梢原的長子源太景季、次子平次景高、三子景家，也都聚攏在父親身旁。眾人注視義經的神色，奧州的佐藤四郎兵衛忠信、伊勢三郎義盛、源八廣綱，江田源三、熊井太郎、武藏坊辨慶，這些以一當千的勇士，把梢原團團圍住，個個表現出奮不顧身的樣子。在此緊急時刻，判官被三浦介攔住，梢原被土肥次郎抓牢，兩人合十懇求道：『在此大敵當前的時刻，如果同室操戈，豈不助長了平家的勢力嗎？要是讓鎌倉公知道，恐怕不太好吧！』判官聽了這話便平靜下來，梢原也不好再動手。」

　　門司戰役尚未開打，源義經和梢原即結下樑子，導致梢原深惡判官，日後屢進讒言，最後陷害判官源義經喪了性命。

　　門司，是明治到大正時期熱鬧繁榮的國際貿易港，連接日本本州與歐洲、中國及九州地區的通道。門司周圍興建了許多歐式建築的銀行、商社，清雅的街景，依舊可見當年的榮華盛況，充滿耐人尋味的好感。《平家物語》一書中，最終戰的赤間關之戰，即位於下關市和門司港之間的關門海峽，當時北風大作，樹木摧折，巨浪翻騰，戰況驚險萬分，如一首悲壯的史詩。

門司地景：門司為北九州市七個行政區之一，門司港位於關門海峽邊，面對下關市。

門司港迷霧中的平家

人生性命恰如葉尖上的露珠，遲早必將消逝，生離死別，在所難免。

屋島合戰敗北之後，平家軍逃奔西國，西國即指廣島到北九州一帶的西日本，平家後代平維盛遇到在京城熟識的瀧口入道，見過平維盛後，問道：「你是如何從屋島逃到這裡來的？」維盛回答：「和家族一起離開京城逃奔西國後，對留在故里的妻兒甚是懷念，內大臣和祖母大人卻說我：『和平賴盛一樣，懷有二心，將來必投靠源賴朝。』如此被懷疑，使我覺得留在那裡沒多大用處，

上：門司車站
下：門司港

87

遂而離開屋島，逃到這裡。本想返京和妻兒見上一面，但想起正三位中將平重衡被俘示眾的事，又覺不妥，與其同樣喪命，不如在此出家，縱然陷於水深火熱之中也在所不惜，只盼能了卻參拜熊野的宿願。」瀧口答道：「如夢的人生，怎樣度過都無不可，只是死後落入萬劫不復的世界，那就不堪設想。」於是，由瀧口入道引導，在高野山的寺院巡禮一番，隨後走進最深處的弘法大師的院堂去了。

平維盛出家之後，某天特地參拜熊野三山，由濱宮神社乘船，泛一葉扁舟，奔赴萬里滄海，到遙遠海灣中的山成島，把船駛往那裡，上得岸去，維盛便在一棵大樹上刻下：「祖父太政大臣平朝臣清盛公，法名淨海；父內大臣左大將重盛公，法名淨蓮；其子三位中將維盛，法名淨圓，生年二十七歲，壽永3年3月28日，於那智海域投水自盡。」刻完字回登小舟，向深海處駛去。儘管早已下定決心，然而面臨最終時刻，心裡十分沮喪，不覺悲傷起來。時下正是3月28日，海上雲霧瀰漫，更加使人哀愁。雖是平常春日，但長空暮色，怨愁交加，想到即將永訣，心裡不免惆悵。

總之，這是前世因緣，非同一般。生者必滅，會者定離，乃是人間常理。人生性命恰如葉尖上的露珠，遲早必將消逝，生離死別，在所難免。

平維盛知道此乃大徹大悟的最好時機，便排除俗念，雙手合十朝西，高聲念佛百遍，終於與那「南無」之聲同沉海底，兵衛入道和石童丸也同樣高念佛號，相繼投海自盡。

這時，舍人武裡也正要跟著投海，卻被瀧口入道勸阻作罷。武裡雖然餘生殘存，但不勝悲痛，顧不得為維盛祈禱，伏身船底哀痛

左頁左：門司港矗立
不少歐式建築
左頁右：門司港口
上：可以開合的門司
港棧橋
中左：啟開的門司港
棧橋
中右：門司港與港口
建築
下左：門司港景色
下右：關門海峽與關
門大橋

呼號。他們駕舟逡巡好長時間，希望見到三人浮出海面，但因沉落過深，始終不見蹤影。瀧口入道便誦經念佛，祝禱「已逝亡靈升入淨土。」

歸途中，船槳濺起的水珠和滴落在衣袖上的淚水難以分辨。隨後，瀧口回高野去，舍人武裡泣淚回到屋島，把遺書交給維盛之弟平資盛。「唉，多麼心痛呀！我關注兄長，而兄長卻沒關注弟弟，真是遺憾啊！內大臣和二品夫人懷疑你會和賴盛一樣，心歸源氏，逃到京都去，甚至對我們警惕起來。你就是為此才在那智投海的吧？如此一來，我們就不能同死一處，只能各自死於異地了，真是太慘了呀！」說了這話後，武裡答道：「三位中將維盛臨終時說：『左中將清經在西國投水而死，備中守師盛在一ノ谷捐軀，我又遭此厄運，使得平家更覺勢孤了，對此不能不擔心。』」接著又把祖傳鎧甲和寶刀傳給維盛幼子六代的事細述一遍，還說：「我也不想活下去了。」說罷以袖掩面，流淚痛哭。內大臣和二品夫人說道：「以為他會跟平賴盛一樣心歸源氏，逃回京都。看來，並非如此。」

從門司港灣遙見關門海峽深遠處，似有船隻自海面逐漸消失於地平線，使人不禁想到平家自平清盛離世，後代子孫不是出家，即是投海自盡的悽慘遭遇。

從門司港看關門海峽

門司港地景：門司為北九州市七個行政區之一，門司港位於關門海峽邊，面對下關市。

門司港觀戰の
敗者誤算

平知盛或源義經，都在這一場戰役中，成
為最大的悲劇英雄。

來到門司港，自不免想起《平家物語》
中，平家一族和源氏的爭戰，尤以一ノ谷之
戰後，源賴朝忌憚源義經戰功顯赫，刻意冷
落他，私下卻指派源範賴追擊平家。源範賴
取徑山陽道，被平家識破，大軍遭平行盛截
斷，關門海峽也被平知盛封鎖，源軍陷入兵
糧不繼的困境。1185年1月，源賴朝迫不得
已，命源義經領軍前往救援。

不久，由於平家誤信源範賴率大軍增援
的情報，加以屋島基地受創嚴重，平家決定
放棄屋島，向西撤退，屋島之戰結束。此戰
造成瀨戶內海拱手讓給源氏，河野通信等水
軍勢力及中國、四國的武士集團也一一向源
氏輸誠，平家面臨山窮水盡的局面，終至向
西退到亦間關一帶的門司和彥島。

上：門司港車站洗手台著名的青銅
製「幸運の手水鉢」
中：門司港車站外的人力車
下：門司港車站的候車室

91

　　《平家物語》書云：平家敗退到贊岐國的屋島之後，聽說源氏又有生力軍數萬騎從東國抵達京都。九州方面，又有臼杵、戶次、松浦等族人聯合一氣蜂擁而來。左一個消息，右一個消息，都那麼聳人聽聞，令人失魂喪膽。此次一ノ谷會戰，家族之中所剩無幾，主要武士陣亡大半，如今兵少將寡，只有阿波民部大夫重能兄弟率四國之兵相助，海誓山盟，聲言這次一定要決一死戰。

　　源平兩軍對陣，在海面上相隔三十餘町。門司、赤間、壇浦三處正值潮水奔瀉翻騰之際，源氏兵船逆潮行駛，力不從心，又被海浪沖了回來，而平家兵船卻得順潮前進。由於海灣中潮水甚急，梢原沿著海岸行駛，不料迎面來了一艘敵船，被他用撓鉤抓住；父子主從十四五人跳了上去，拔出兵刃，由船首到船尾，亂砍亂殺一氣，繳獲了很多物資，當天立下頭功。

　　不久，源平兩軍對峙，各自發出吶喊，真個是上驚梵天上帝，下驚海底龍王。新中納言平知盛站在船篷下高聲喊道：「勝敗就在今天這一仗，大家不要有絲毫退縮。不論在天竺、震旦，還是在我朝日本，你們都是無比英雄的勇士名將，倘若天命當絕，那是人力不能挽回的。但是，我們要珍惜自己的名譽，不要向東國人示弱。今天不正是我們拼出性命的時候嗎！」在他身邊的飛驒三郎左衛門

左上：門司港邊的歐式建築
右上：傳聞科學家愛因斯坦訪日時，曾在這幢位於門司港車站右前方的飯店住宿
下：門司港街上的懷古建築

景經立即傳達命令說：「諸位將士，剛才的話大家要牢牢記住！」

　　平家將一千餘艘兵船分作三路，山賀的兵藤次秀遠以五百餘艘為第一路率先駛出，隨後是松浦族人以三百艘為第二路，平家的公子們以兩百餘艘殿後，是為第三路。兵藤次秀遠所率軍兵在九州最為能弓善射，雖然比不上秀遠本人的箭法，但也稱得上是像樣的射手，於是從中選出強弓手五百人，在各船首尾列成橫隊，把五百支箭一齊射了過去。源氏共有三千艘兵船，軍力雖很旺盛，但各船射出的箭都算不上硬弓強弩。大將軍九郎判官源義經親自率領士卒在最前面戰鬥，但鎧甲和盾牌抵擋不住敵箭，被射得狼狽不堪。平家方面自以為得勝，連連擊鼓，歡呼雀躍。

旅行到門司，除了想見源平之戰，兩軍從屋島一路追殺到壇の浦，把門司港及赤間關海域籠罩成一片騰騰殺氣，不論平家知盛或源氏義經，都在這一場戰役中，成為最大的悲劇英雄。喜歡悲劇英雄，我便在閱讀《平家物語》之餘，趁機走進1914年修建的門司港車站，沉浸日本最初的鐵路車站，一派浪漫至極的典雅氣氛，以及站內著名的青銅製「幸運の手水鉢」。同時流連在具有獨特風格的八角形塔頂的舊大阪商船大樓，和象徵門司港經濟繁榮時期修建的著名建築物舊門司稅關。

上：門司港古樸風雅的車站
下：門司港車站景致

門司港車站地景：福岡縣北九州門司區西海岸一丁目。

平家一門戰勝祈願的和布刈神社

和布刈神社有「看神事眼睛會瞎」的說法。

平家興旺時，入道相國平清盛不僅自己享盡榮華，他的闔家子孫也全都跟著雞犬升天，個個發達起來；可到了大相國染病亡故，平家瞬息間衰敗下來，其實除了與源氏之間的嫌隙未解，平家日常作為以及子孫未能知福、惜福，也是最大原因。《平家物語》一書云道：

上：平家一門戰勝祈願的和布刈神社鳥居
下：從和布刈神社眺望關門海峽

仁安3年3月11日，清盛公五十一歲時，感染了一場病，於是許願出家入道，法名淨海。也許正是因為這個因素，病一下就好起來，並得以盡享天年。這期間，平家真可謂盛名震驚朝野，人人欽羨的事就像草木見到春風，家家渴慕的事有如百禾遇上甘霖。說起六波羅一家的貴胄公子來，無論什麼樣的名門望族，都不能和他們相提並論。入道相國的內兄，平大納言時忠卿，曾說過這樣的話：「不是出自平氏家門的人，皆屬賤類。」因此，世間的人都想找些因由，與平家一族扯上關係。不僅如此，甚至連衣領怎麼折，烏帽怎麼疊，只要說是六波羅的樣式，天下人便紛紛仿傚。

　　無論怎樣英明的賢王聖主，以及怎樣優秀的治國良相，都免不了會被一些無聊的人，聚在某些不為人注意的地方，傳播一些流言蜚語，這本是世間常有的事。唯獨入道相國全盛時期，卻沒人敢說平家的閒話，這是因為入道相國有他獨到的安排。他選出三百個十四、五、六歲的少年，一律留著齊耳短髮，穿一身紅色的直裰馬褂，讓他們在京城各處行走探查，只要遇到有說平家壞話的人，馬上通知同夥，闖進他人家中，沒收資財家具，並將那人抓到六波羅府中去。一般平民看在眼裡，心裡縱使不滿，也沒人敢說出來。京城裡，不只街頭行人，就連在路上通行的馬車，一見六波羅的少年出現，便遠遠避開，可謂「出入禁門不問姓名，京師長吏為之側目」。

　　這也難怪平清盛過世之後，平家即開始走向衰弱之路。與舉兵反抗的源軍作戰，屢戰屢敗，終至退到西國的門司一帶。偶有勝仗時，倍覺興奮，官將們會一起齊聚到鄰近關門海峽邊緣的和布刈神社參拜祈願，祝禱平家軍早日光復失土。

　　和布刈神社位於門司關門大橋底下，日本歷史上第14代天皇—仲哀天皇的皇后，傳說她在仲哀天皇去世後曾長期攝理朝政，為日本史書上載明的首位女性君主，明治時代之前大都把她當作第15代天皇或准天皇看待。為開拓日本海外領地，她曾三度出征朝鮮半島，出兵前都會來到和布刈神社參拜祈福，為感謝當時保佑過自己

上左：平家一門戰勝祈願的
和布刈神社廂房
上右：和布刈神社洗手台
中左：和布刈神社海中的石
燈籠
中右：和布刈神社石燈籠

的神靈，她特意設立神社祭靈。但事多不確，被列為是介於神話傳
說和真實歷史之間，且虛構成分較大的人物。

　　和布刈神社位於關門海峽幅度最窄，流速最急的早鞆瀨戶部分
的九州側邊，「和布刈」的意思是指割取裙帶菜，「和布刈神事」
則是指舊曆元旦凌晨2點半，由三名身穿狩衣、烏帽、白襪和草鞋
的神職人員，手舉約3公尺高的大火炬，於退潮時，走進冰冷的海
水中，把生長在瀨戶內海岩石上的裙帶菜一條一條地切割下來，然
後洗淨，供奉到神明前。這個儀式被認為是招福神事，據稱有「看
神事眼睛會瞎」的說法，所以一般人無法參觀。這件「神事」，日
後被福岡縣指定為無形民俗文化財產。

和布刈神社地景：福岡北九州門司區門司3492。JR門司港站搭西
鐵公共汽車和布刈神社前站下車。

平知盛の門司城遺跡

從「門司城跡」的石碑方向，可清晰看見
關門海峽和關門大橋的全貌。

平家在屋島敗戰之後，九郎判官源義經
強渡周防，與他的兄長三河守匯合一處；平
家則退到長門國的彥島。源軍大舉進攻阿波
國的勝浦，擊退屋島的守軍後，得悉平家軍
退守到彥島的消息，便出其不意，挺進到阿
波國的滿珠島；滿珠島和彥島之間隔著壇の
浦，正是關門海峽水流湍急處。

源軍推出大將義經，與平家軍領頭平知
盛，兩軍在關門海峽對峙，準備隨時應戰。

平家軍首腦平知盛，出生仁和2年
（1152年），是平安時代末期的武將，平
清盛四男。母親是平時信的女兒平時子，與
兄長平宗盛、弟弟平重衡、妹妹平德子同樣
都屬母親時子所生的親子。因為父親平清盛
的提拔，平知盛在年僅八歲時就擔任從五位
下的官階，往後也不斷晉升。《平家物語》
記載，除了病故的嫡長子平重盛，平知盛甚
受父親信賴。

1180年，以仁王與源賴政為首揭竿起
義叛亂時，平知盛受命為總大將征討叛軍，
並在京都宇治的平等院成功降服以仁王與源
賴政。之後，美濃與近江地區的源氏叛亂，
平知盛仍擔任總大將鎮壓叛軍。後來，他被
平清盛命令征討駐守東國的源義仲和源賴

上：俱利伽羅峠合戰，木曾義
仲使用火牛陣擊潰平家軍
下：位於俱利伽羅峠（富山縣
小矢部市）埴生護國八幡宮的
木曾義仲像

朝，卻因病無功返回京城。

　　1181年，平清盛過世前，曾明示平知盛繼承平氏家督之位，但考量他體弱多病，最後家督一職才改由兄長平宗盛繼承。平宗盛是大相國平清盛所有兒子裡，最沒有能力的一位，但礙於長子平重盛英年早逝，平宗盛自然擔負起平家棟樑的角色。

　　1183年，北陸的俱利伽羅峠合戰，由平維盛和平行盛率領的平家軍，被曾木義仲精心設計的火牛陣夜襲擊潰，七萬餘騎僅剩二千餘，這些殘餘武者，為了逃避源氏追殺，越過重巒疊嶂的山林，藏匿於現今岐阜縣大野郡白川鄉白川村的深山之中，苟延殘喘的過活。這群平家遺族始終過著與世無爭，自給自足的生活；直到1935年，德國學者布魯諾‧陶德發現，並將其揭露於世。這座活像日本版〈桃花源記〉的白川村，於1996年12月9日以「白川鄉與五箇山的合掌造聚落」為名，被聯合國教科文組織列為世界文化遺產。

左頁：白川鄉白川村合掌造的田園風光　　左：由平知盛修建的門司城跡
　　　　　　　　　　　　　　　　　　右：平知盛繪像（日本浮世繪畫師歌川國芳繪）

101

　　1184年一ノ谷之戰，以平知盛之子武藏守知章為首的多員大將紛紛戰死，之後，平家又在屋島之戰敗給源義經。平知盛為了警戒源範賴的動向，而將軍隊移至長門國，卻已無力回天挽救平家極速衰敗的軍勢。文治元年（1185年），壇の浦合戰，平重衡被俘、平敦盛被砍首，甚至連年方十六歲的兒子平知章也被砍掉首級，平知盛眼見平家軍兵敗如山倒，遂言道：「不願見到的事終於來臨，現在讓我們自盡吧！」便把他乳母的兒子伊賀國平內的左衛門家長喚來，叮囑道：「平日的誓約不可違背！」「這事無須叮囑。」於是給中納言穿上鎧甲，自己也穿上兩套，拉著手，背負錨碇，一同投入海峽自盡。武士二十餘人，見此情景，個個爭先恐後，手拉著手，也一起縱身跳入大海。

　　平知盛駐守門司期間，為了和源氏合戰，曾下令長門國目代紀井通資在標高175.2公尺高的古城山頂建築門司城，做為戰略據點，攻防源軍。位於和布刈神社上方，和布刈公園的門司城跡，目前尚遺留有城牆土堆殘跡，從「門司城跡」的石碑方向，清晰可見關門海峽和關門大橋全貌。

門司城遺跡地景：福岡縣北九州門司區大字門司。古城山山頂，和布刈公園內。

俱利伽羅峠地景：富山縣小矢部市。

白川村合掌造地景：岐阜縣大野郡白川鄉白川村。

安德天皇御柳所

從蘆屋轉進到門司，安德天皇的御所就暫時落戶於此。

　　讀過《平家物語》的故事發展到門司港，得知安德天皇御所，位於沿著門司車站往新門司這條道路，屬於北九州市高速公路大裡交流道的左側。

　　因為源平之戰而被眾所皆知的平家一門，經過一ノ谷合戰、屋島合戰，這場戰事平家節節敗仗，部隊不斷往西邊轉進九州方向，平家軍不得已被迫在海上生活，傳說，那一段轉戰時間，安德天皇的御所曾落腳在門司。

左頁
左：安德天皇之墓
右：安德天皇誕生慶賀繪圖
（赤間神宮藏）
右頁
左：赤間神宮的安德帝繪圖
右：平清盛帶兵出陣繪圖（平家物語繪卷）

102

話說，壽永2年（1183年），被木曾義仲追殺的平家，將官帶著安德天皇往九州太宰府方向逃逸，就在那時，當地的豪族時有反動的傾向，紛紛遷往遠賀郡的山鹿城，但傳說豪族之中有人與源氏串通，所以平家軍只得改走海路，從蘆屋轉進到門司，安德天皇的御所就暫時落戶於此。

　　村民為了消除旅途勞累的天皇，特別為安德帝準備了洗澡水，讓他身心冷靜。如今，那一口讓安德天皇洗澡用水的井，遺跡尚存，被稱作「安德帝洗澡井」，和天皇御所一樣，坐落於沿著門司車站往新門司這條屬於北九州市高速公路大裡交流道的左側。

　　隨行的平忠度還曾在天皇御所吟作了一首和歌：「都なる　九重の內戀しくは　柳の御所を立ち寄りて見よ」就因為這首和歌，安德天皇的御所即被後人稱為「柳の御所」。

　　安德天皇御所有了著落之後，節節敗退的平家軍，這時候反而走投無路，北九州大致上已經被源範賴的大軍收歸，而海峽對岸的赤間下關也已成為源氏地盤，平家軍可說到了上天無路，入地無門的悲慘狀況，最後只得被迫撤退到長門國的彥島據守，而源範賴和源義經也在對岸佈陣對峙。雙方已有海戰的覺悟，開始糾結戰船，平家五百艘，源氏八百四十艘。

這時，在熊野掌管莊園的湛增，心中盤算著歸順平家好，還是源氏好。為此，在和歌山縣田邊市的新熊野神社也獻奏神樂，向權現大神祈禱。雖然得了「即掛白旗」的神示，仍覺懷疑，又取白雞七隻，紅雞七隻，讓牠們在權現大神座前一賭勝負。結果紅雞無一獲勝，悉數敗北，於是決心歸順源氏。乃召集族中勇士，共兩千餘人，搭乘船隻二百艘向壇の浦出發，船上載著若王子的神靈器物，玉、劍、鏡等，旗子上端的橫木寫著「金剛童子」四字，看來像是追隨源氏，又像是追隨平家，然而實際上卻是心歸源氏，對平家早就心灰意冷了。

之後，再有伊豫國的住人河野四郎通信，率領一百五十艘兵船駛來，與源氏匯合一處，判官義經的源軍因此增強了不少軍力。至此，源氏兵船已達三千餘艘，平家僅有一千餘隻，而且，其中還夾雜些唐式大船。源氏軍力增強，平家軍力明顯削弱。

元曆2年（1185年）3月24日卯時，源平兩軍決定在門司、赤間兩處關隘進行決戰。

暫居「柳の御所」，年僅八歲，承修2年（1178年）12月11日出生的平家血脈安德天皇也跟隨祖母，登上船隊，行駛在關門海峽的海域中。

上：平家逃亡的軍隊
（東京博物館藏）

安德天皇御柳所地景：福岡縣北九州門司區大里戶ノ上1丁目11番。JR門司車站下車徒步5分鐘。

源平壇の浦合戰
的悲劇

長44公尺的「源平壇の浦合戰繪卷」，傳
述著一場驚天動地的絕命戰役。

　　1185年3月24日清晨6時許，關門海峽
的壇の浦合戰終於開打。由於平家擅於海
戰，而且潮流對平家有利，船艦機動靈活，
平家主動展開攻擊，占了上風。相反地，逆
流進軍的源氏船艦如陷泥沼，成為平家箭陣
的活靶。此時源義經心生妙計，下令集中狙
殺平家的水手及舵手備戰，據說，這樣的
戰術是違背當時不成文的戰爭規則。因而，
使得原本占據上風的平家船隊，頓時失去機
動能力，比源氏更加動彈不得，正午過後，
潮流改變，源氏順勢接近，登上平家船艦，
展開一場驚天動地的白刃血戰，戰情隨之逆
轉。激戰過後，眼見大勢已去，平資盛、平
有盛、平經盛、平教盛、平行盛等多名平家
大將陸續投海自盡身亡。平家首腦平宗盛及
兒子平清宗、妹妹平德子雖然企圖跳海自
盡，卻為源氏士兵所救。

　　《平家物語》一書寫道：

　　「源氏軍兵既已登上平家戰船，那些艄
公舵手，或被射死，或被斬殺，未及掉轉
船頭，便都屍沉海底。新中納言平知盛卿搭
乘小船來到天皇的御船，說道：『看來，大
勢已去，必將受害的人，全都讓他們跳海
吧！』說完便船前船後地亂轉，又是掃，

上：《平家物語》壇の浦海戰
繪卷牆在和布刈公園展望台
中：被平家惡靈襲擊的源義經
艦隊繪圖
下：描繪平家將領投海自盡慘
狀的「八島壇浦海底之圖」（歌
川芳艷繪，千葉美術館藏）

上：位於本州島與九州島之間，細長海域的關門海峽
下左：源氏出陣的演出陣容
下右：神戶市須磨寺「源平の庭」的平敦盛騎馬雕像

又是擦，又是收集塵垢，親自打掃起來。女官們交相問道：『中納言，戰事怎樣了？怎樣了？』『東國的男子漢，真了不起，你們看吧！』邊說邊哈哈大笑起來。『這時候還開什麼玩笑！』個個叫喊起來。二品夫人見此情形，因為平時已有準備，便將淺黑色的袿衣從頭套在身上，把素絹的裙褲高高地齊腰束緊，把神璽挾於肋下，將寶劍插在腰間，把天皇抱在懷裡，說道：『我雖是女人，可不能落入敵手，我要陪伴天皇。凡對天皇忠心的，都跟我來。』於是，走近船舷。

天皇今年剛八歲，姿容端莊，風采照人，絡絡黑髮，長垂背後，其老成懂事，超逾年齒，看到情景，不勝驚愕地問道：『外祖母，帶我去哪裡？』二品夫人面向天真的幼帝拭淚說道：『主上你有所不知，你以前世十善戒行的功德，今世才得為萬乘之尊，只因惡緣所迫，氣數已盡。你先面朝東方，向伊勢大神宮告別，然後面朝西方，祈禱神佛迎你去西方淨土，與此同時心裡要念誦佛號。這個國度令人憎惡，我帶你前去極樂淨土吧。』二品夫人邊哭邊說，然後給天皇換上山鳩色的御袍，梳理好兩鬢打髻的兒童髮式。幼帝兩眼含淚，合起纖巧可愛的雙手，朝東伏拜，向伊勢大神宮告別；然後面朝西方，口念佛號不止。少頃，二品夫人把他抱在懷裡，安慰道：『大浪之下也有皇都。』便投身到千尋海底去了。」

可悲的壇の浦合戰呀，無常的春風吹落了似錦繁花；可歎的兩軍對戰呀，無情的海浪剎那間浸沒萬乘玉體。有一殿，名叫長生，意在長棲久住；有一門，號曰不老，意在永保青春。而今，未及10歲，便淪為水藻。冥冥中加於萬乘之尊的果報，其冷酷無情難以言盡，雲中之龍忽焉降為海底之魚。這段出於御舟之中，沒於波濤之下，轉瞬間斷送了至尊性命的故事，最終留予後人在和布刈公園展望台前的土牆上，以每塊30公分×35公分見方，共1400枚的有田燒陶板，拼繪出高3公尺，長44公尺的「源平壇の浦合戰繪卷」，傳述一場驚天動地的絕命戰役。

源平壇の浦合戰繪卷地景：福岡北九州門司區大字門司。和布刈公園展望台。

一代戰將萬骨枯

佛門清幽的甲宗八幡神社，也許能歸結平知盛或有不甘的心念。

擁有絕望性格的人，偶爾會從尋找樂觀的理由來忘卻悲傷，實際上，悲傷並不會因為「想要樂觀」而遠離，反而會像藤蔓一樣不斷滋長；絕望的人擔憂藤蔓無止盡延續，樂觀的人卻甘於用修剪並欣賞的心情接納。

自平清盛死後，平家難再有偉大的領袖見稱，壽永4年3月初，源平兩軍在蘆屋浦爆發了接觸戰，最後平家軍失敗，造成彥島周邊的壇の浦區域全被源軍包圍。從3月24日早上開始，源軍海陸多方並進。陸地部隊由源範賴統帥，海上水軍則由源義經所率領的八百艘聯合瀨戶內海各水軍豪族所組成的船團為主，正面直撲已佈下最後防禦陣勢的平家軍。

由平知盛率領的平家海軍無法施行中國墨家「兼愛」的策略，又非攻不可，每發動一次爭戰，就不知要毀壞多少財物，犧牲多少性命，造成多少家庭破碎。平知盛明知戰事越來越艱鉅，可他雖非絕望性格的人，但更不是個樂觀主義的將領，他以維護平家盛名為由，奮起而戰，結果門司港的壇の浦海戰，海水波濤洶湧，平家子弟幾乎全部殉難，經此重創，平家海軍勢力一蹶不振，大受打擊，書云：

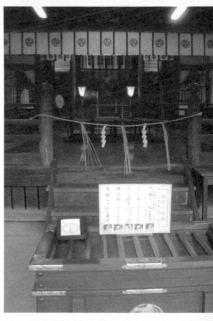

上：甲宗八幡神社一景
下：甲宗八幡神社參拜台
右頁
上：位於門司的甲宗八幡神社
下左：甲宗八幡神社的鳥居
下中：甲宗八幡神社的木製燈籠
下右：平知盛墓地

甲宗八幡神社

110

上：甲宗八幡神社鳥居後面即為平知盛之墓

「中午時刻，平家軍五百艘海船與其水軍發揮出強盛的精銳戰力，加上海潮係由日本海灌入瀨戶內海，由西向東的協力下，平家軍急欲揮出最後一搏的氣勢，奮勇衝向源義經所率領的源氏軍船團。就算是驍勇無雙的源義經率領的強大船團，也抵擋不了這隻宛如負傷猛獸的平家軍的強襲。源義經不但親自擂鼓指揮船團跟平家軍廝殺，還親自讓自己所搭乘的海船，衝進平家軍的船團中，做面對面的肉搏戰。這時，源氏軍的船團還是無法藉由逆潮往前行進，最後逐漸被平知盛的兵力壓迫到海峽東面的幹珠與滿珠兩島周邊。

直到下午四時許，海潮改變方向，從瀨戶內海由東向西往海峽灌衝過去。這時平家水軍中占一半以上戰力的田口成能船隻突然叛變，降下代表平家的赤旗，轉而掛上源氏海軍的白旗，一轉眼便追隨義經的船隊，繞過平家軍船團後面，衝向平知盛所指揮的船隊。

開戰之前，平知盛早就發現田口成能這個人有異狀，他曾建議平宗盛下令對成能進行處置。可昏愚的平宗盛不但未聽從勸告，還把成能找來，告知有人不信任他，要他好好表現。這一說明，反倒透露消息給成能，因此開戰初期，平家軍這邊一有優勢時，他便假意服從平知盛的指揮向前猛攻，等到海潮方向一旦改變，他便翻臉無情，掉頭和源氏軍聯合反撲平家軍。

憤怒的平知盛在激戰的最後時刻，已經覺悟到毫無生還機會，便舉起船身後面的錨碇對著部下說：『戰到這步田地已經是極限了，我身為平家一員，理當赴義就死。只是身為平家人，死後首級被東國人砍掉，拿去當街示眾，未免言面盡失，你們可以不用管我，各自隨自己的意願去做吧！』話一落下，隨即舉起海錨將纜繩綁在身上，緊抱錨碇躍入海中自盡。人稱『新中納言』的平知盛，此時不過三十四歲而已。」

投海自盡的平知盛，連最後求死都顧念平家與個人聲譽；據稱，他的屍首於戰後被尋獲，葬到舊門司1丁目，佛門清幽的甲宗八幡神社內。佛土淨地，也許能歸結平知盛或有不甘的心念。

甲宗八幡神社地景：福岡縣北九州門司區舊門司1丁目。

海峽平家物語展覽館

平家老小，個個都為了顧全平家盛名，以
不被俘虜的自盡信念了結生命。

　　位於門司港車站左後方，徒步約15分
鐘，鄰近關門海峽海岸邊的「海峽歷史物語
展覽館」，平成15年（2003年）開館，全
樓展覽關於關門海峽的歷史、文化和自然生
態。

　　屬於歷史名場的「海峽歷史回廊」，除
了展示大正時代門司港的街道、人物與工作
模型、土產品店，並由十位知名的人形美術
家，塑造多位跟關門海峽的歷史發展有關的
人形雕像，其中包含中西京子製作的「重現
江戶時代錦繪」、ホリ・ヒロシ製作的「壇
ノ浦的合戰，安德天皇和二位女尼，以及投
海獲救的建禮門院等人的塑像」、川本喜八
郎製作的「源氏和平氏人物群像」，以及由
內海清美製作的「巖流島決鬥的宮本武藏、
佐佐木小次郎的塑像。」

　　一場海峽歷史回廊的展覽，述說歷史小
說中的一干人物，在光影映射下，栩栩如生
的哀慟表情，好似以沉重的心情描述和記錄
關門海峽那一場驚天動地的海戰，所衍繹的
悲憫人性。

　　那故事傳述著：當知曉領頭將軍平知盛
在關鍵時刻，舉起海錨將纜繩綁在身上，緊
抱錨碇躍入海中自盡，以及親眼目睹幼帝安

上：海峽歷史物語展覽館外的
平家物語人物像掛牌
中：《平家物語》的宇治川合
戰繪圖
下：平宗盛落海被捕，右下為
平教盛和平經盛兄弟抱碇自殺
（林原美術館）
右：海峽歷史物語展覽館全貌

112

德天皇被祖母抱入懷中和兩位女尼一起投海身亡，幼帝的母親建禮
門院看著這一幕悲涼慘劇，心中哀悼不已，便把暖身石和硯台揣在
懷裡，打算跟著投海自盡。

　　渡邊族的源五馬允根本不知投海的這一名女子究竟為何人？就
用撓鉤用力抓住浮沉在海面，建禮門院的頭髮，把她從海面拖了上
來。這時，女官們七嘴八舌地說：「啊，好慘呀，這不是建禮門院
嗎？」下人將這事稟告給判官源義經知道後，便立即派人到幼主乘坐
的御船上去。三位中將平重衡的夫人大納言典侍，手拿裝有皇室神
鏡的唐櫃，恰巧也正要投海，卻因褲腳被船舷絆住，跌倒在地。眾軍
士上前阻止，順勢打開唐櫃鎖頭，揭開櫃蓋一看，不料眼睛突然發
黑，鼻孔流血。當時，已被源軍俘虜的大納言平時忠對軍士說道：
「此乃皇室神鏡，凡人看不得。」軍士們聽了隨即退去。後來經過判
官源義經和大納言平時忠商議結果，照原樣把唐櫃鎖了起來。

一場海戰，傷及皇室一家，幼帝安德天皇的母親建禮門院，以及三位中將平重衡的夫人意欲投海自盡，卻被救起；這時，戰況愈加慘烈，平中納言教盛和修理大夫平經盛，兄弟二人把鎧甲連鎖在一起，手拉手一起投海自盡。小松府的新三位中將平資盛和少將平有盛，以及侄兒左馬頭平行盛，也是手拉著手，二話不言的躍入波濤洶湧的關門海峽，用自盡方式結束性命。

可笑的是，平家老小，個個都為了顧全平家盛名，以不被俘虜的自盡信念了結生命，但卻看不出內大臣平宗盛和右衛門督平宗清父子二人有打算投海效忠的樣子。他們站在船舷旁，一副不知所措的神情，平家武士很不高興地佯裝從二人身旁走過，故意把內大臣撞到海裡去，站在身旁的右衛門督平宗清見狀，隨即也跳下海去。深諳水性的這對父子，二人相互觀望，企圖見機行事。未料，正在水中漂浮時，伊勢三郎義盛划著小船過來，先用撓鉤把右衛門督打撈上來。內大臣見樣，更加無心自沉下去，於是也被活捉了回去。

行進在「海峽歷史物語展覽館」，無論觀賞大正時期的街道和人物模型展覽，或者是源平門司海戰的主角雕像，不免使人心生悵然若失的慨嘆。真實的歷史如何發展？一旦抬頭望見滿室陳列的仿古展覽品，竟發現小說猶是深沉的描繪使人心頭為之一陣灼熱和劇痛的發燙傷感。

上：「海峽歷史物語展覽館」
一樓的「海峽歷史回廊」展示大正時代門司港的街景
下：「海峽歷史回廊」展示大正時代門司港的旅館造型

海峽平家物語展覽館地景：福岡縣北九州門司區西海岸一丁目，門司港車站後方徒步約15分鐘。

九州鐵道紀念館

流落煙波上，露宿明石浦；借問海上月，
伴我可淒苦。

建於明治24年（1891年），開館於
2003年的九州鐵道紀念館，位於九州門司
區門司港車站右側，占地面積7,781.48 平
方公尺；建築面積 2,942.42 平方公尺。由
本館，車輛展示場，以及門司鐵道公園三個
區域構成，不僅是日本最古老的鐵道博物
館，同時也是日本全國第一座小型鐵道公
園。室外並設置有450mm量規的軌道與模型
車廂，可供乘車與駕駛。車輛展示場裡更設
置有八輛不同年代和造型的火車供參觀。管
理營運單位的名稱十分獨特，叫「懷舊公園
門司港」，也即「門司港懷舊活性化共同企
業體」。

　　日本是個重視歷史與文化的國家，對於
設置博物館來保存歷史文物的見解與態度不
遺餘力，九州鐵道紀念館便是其中之一。走
進鐵道紀念館瀏覽老火車，看著這些被列為
國寶級的古董文物，自然想起《平家物語》
一書中，平家遭滅，象徵皇室代表的三樣神
器寶物被源氏奪取的故事，書云：

　　九郎大夫判官源義經通過源八廣納向
法皇奏報：「上月二十四日在豐前國的田
浦、門司關，長門國的壇の浦、赤間關，平
家徹底覆滅，三種神器已平安奪回，謹此

上：位於門司港車站附近的九州鐵
道紀念館
下：九州鐵道紀念館入口處的看板

115

奏聞。」一時宮廷之中上下嘩然。法皇把廣綱叫到內廷，詳細詢問了作戰情況，在歡喜之餘，特意將廣綱擢升為左兵衛尉。吩咐說：「神器是否能取回？要派人親自查實一下。」當月五日派宮廷御林軍的判官藤信盛前往西國。信盛領命，沒來得及回到家中便匆匆跨上御馬，揚鞭而去。

　　之後，九郎大夫判官源義經命令把活捉過來的平家男女送到播磨國的明石浦。明石浦是播磨國有名的風景區，詩云：「黎明殘月在，澄澈勝秋空。」女官們在被送往的沿途，聚在一起慨歎道：「幾年前路過這裡時，哪裡想到會落到這般田地。」不禁悲從中來，痛哭不已。大納言夫人遙望當空明月，哀思無限，不自覺地淚流滿面，詠嘆出兩首歌謠，道：

　　　　如今思往事，不禁淚沾襟；月影似有意，聽我遊子吟。
　　　　我已非故我，月猶昔時月；今夜灑清輝，照我心悲切。

　　三位中將夫人也隨之詠嘆了一首：
　　　　流落煙波上，露宿明石浦；借問海上月，伴我可淒苦。

左頁：日本全國第一座小型鐵道公園一景
右頁
上：日本全國第一座小型鐵道公園一景
下左：九州鐵道紀念館展出早期日本老火車
下中：九州鐵道紀念館展出老火車
下右：九州鐵道紀念館室內展示館

「這是多麼悲傷懷舊的歌呀！」九郎大夫判官源義經雖身為武士，但頗能深悟詩情心境，他不自覺地跟著同情慨歎起來。

不久，九郎大夫判官差人將神鏡和神璽的寶箱送到鳥羽。內廷出來迎接的人有大納言經房卿、高倉宰相中將泰通、權右中辨兼忠、左衛門權佐親雅、江浪中將公時、但馬少將教能；相迎的武士則有伊豆藏人大夫賴兼、石川判官代能兼、左衛門尉有綱等。

當夜子時，來者將裝有神鏡、神璽的寶箱穩當的收藏在太政官廳內。三樣神器就差寶劍在門司海役中因戰亂而遺失，甚為可惜。其中，神璽本來漂流在海上，據說是由片岡太郎經春撈取回來的。

世人們就偏愛這種具有象徵性的物品，到門司觀賞象徵日本鐵道文化擁有悠久歷史的老火車，忽然想見傳說中日本皇室的三樣神器，到底長成何等模樣？

九州鐵道紀念館地景：福岡縣北九州門司區西海岸一丁目。門司車站旁，徒步5分鐘。

關門海峽戰鼓隆隆

義經自覺不能力敵，便把長刀挾於腋下，轉身連跳到相距二丈遠，源軍方面的幾艘船上去了。

　　從關門海峽潮流的方向，返回到源平之戰發生地關門海峽，兩岸最窄處約600公尺，潮流速度卻是整條關門海峽最湍急者，基於位居瀨戶內海入口的主要地理條件，這個地方在過去和現在，都是海陸交通的重要隘口，更是日本平安時代和鎌倉時代，歷史舞台的轉折地。

　　壽永4年（1185年）3月24日，平知盛大將帶領平氏家族和源軍在這個海灣交戰，海戰開始時，平家因為海潮東流而占據優勢；不過，當潮流開始朝西後，源氏恢復氣勢，平家被大批軍船追逼到紛紛投海自盡的悽厲地步，一門老小終至滅亡，也使得日本歷史上的政爭版圖再度大幅轉移。這場著名的海峽戰鬥中，源義經從這艘船飛奔到那艘船，

上：舊稱「壇の浦」海域的關門海峽，可長驅直入瀨戶內海
中：源平兩軍壇の浦海戰中，源義經連跳八艘船繪圖
下左：壇の浦海戰繪圖（赤間神宮藏）1. 平家雜兵唐船。2. 魚群出現被占卜為不祥。3. 義經跳躍八艘船的情況。4. 安德和2女尼坐的船。5. 建禮門院落海被敵方救起

連連跳躍了八艘船的經典傳說，更令人感到嘖嘖稱奇，這即是著名「飛八艘」的故事。

書云：「平家大將能登守教經的箭法精準異常，無人能比，然而，門司海役打算拿來與源軍作戰的箭矢已經用了差不多，能登守教經抱著必死的決心，在紅綢直裰的內著外面披著唐綾縫綴的鎧甲，手握威風凜凜的大刀，使令從人拿著白柄大刀的鞘子，自己則揮舞起大刀，頃刻之間便能砍殺多人，兩軍交手，幾乎無人敢與之對敵。」

海戰尚未開打之前，新中納言平知盛讓從人傳話給能登守說：「不必大開殺戒，這不是什麼值得廝殺的敵人！」「那麼，讓我跟大將軍見仗吧！」他把大刀刀柄攬得短些，跳到源氏船上，一邊吶喊，一邊輾轉廝殺。話說，他根本不認識判官源義經的長相，因此，只要看見披掛著華貴鎧甲的人便追上去與之廝殺。判官早已注意到能登守，也想找個時機與他一決雌雄，但卻走了個兩岔，沒機會和他交鋒。事有湊巧，時當能登守跳上判官的船，認出義經，想要撲上前去的時候，判官自覺不能力敵，便把長刀挾於腋下，轉身連跳到後面相距二丈遠，屬於源軍方面的幾艘船上去了。

能登守不及判官源義經眼明手快，沒來得及跟蹤跳過船去。心

左：關門海峽最狹窄處僅 600 公尺寬，海流湍急，為一航海險處

想，此乃最後一戰了，便把腰刀和長刀扔進海裡，頭盔也摘掉，並把鎧甲下的護腰也扔掉，只穿著鎧甲，披散著頭髮，張開大手準備接戰，旋即大聲叫喊道：「有本領的過來，跟教經交交手，管叫你抓個活的，我正想東下鎌倉，跟源賴朝說句話，你們都快過來吧！」但卻沒一人敢上前一步。他那威風凜凜的勁道兒實在難以形容，簡直令人生畏。

　　這時，源軍之中，有一個名叫安藝太郎實光的人，他是土佐國住人安藝大領實康的兒子，這人具有三十人的膂力，身旁還有一個與他體力差不多的從卒，一樣膂力過人，他弟弟次郎更是力大無窮。安藝太郎望著能登守斥喝：「不管你多麼兇猛，若讓我三人聯手，就算身高十丈的大鬼，準跑不了！」主從三人乘著小船，執意向能登守的船靠近，大喊一聲，一個箭步便跳躍過去，立即取下頭盔的護頸，拔出腰刀，一齊撲了上去。能登守不慌不忙，兩三腳便把率先靠近前來的安藝太郎的從卒踢到海裡去了。接著上來的是安藝太郎，被他挾在左邊腋下；最後上來的是弟弟安藝次郎，被他挾在右邊腋下。他用力緊緊一夾，說道：「我讓你們二人結伴到望鄉台去！」可惜啊！安藝次郎生年剛剛26歲，便被活活葬身海底了。

關門海峽地景：本州與九州之間的海峽；南岸福岡縣北九州市，北岸山口縣下關市。舊名馬關海峽。

穿越下關到門司的歷史輪迴

關門海峽底下60公尺處，築有一條長780公尺的海底隧道，貫穿九州與本州。

《平家物語》一書所提，平家與源氏最終一役的赤間關壇の浦海戰之地，即在今日的「關門海峽」，這條位於本州島與九州島之間的細長海域，南岸為福岡縣北九州市，北岸為山口縣下關市。海峽最狹窄處僅600公尺寬，潮流湍急，為一航海險處，由於位居要地，海上船舶往來頻繁。

跨越海峽兩岸的關門大橋，全長1068公尺，1973年通車，是當時日本最長的跨海大橋，可行駛六線車道，每到夜間時刻，大橋在彩燈與海水映照下，顯得異常美麗壯觀。海峽南岸的福岡縣北九州市，門司港懷舊地區設有旅遊船隻航行，主要路線為關門海峽遊船路線，以及前往江戶初期修行武士宮本武藏與佐佐木小次郎進行決鬥，著名的巖流島路線。

海峽北岸的下關市，則位於本州西南尾端，對岸即是九州門司港，穿越這一條位於赤間，舊稱「壇の浦」的海域，即可長驅直入瀨戶內海，抵達日本心臟地帶。舊名叫馬關海峽的關門海峽，自古以來便是重要軍事據點，取「關門海峽」為名，即因兩岸地名下關與門司。

關門海峽底下60公尺處，築有一條長

上：關門海底隧道位於下關市御裳川公園對街
中：海底隧道建築紀念碑
下左：海底隧道由當時的建設大臣根本龍太郎監督建造
下右：海底隧道有兩個進出口：一在下關市御裳川公園對街，二在門司港區和布刈神社對街

上：海峽隧道，山口和福岡兩縣交界處

下左：關門海峽隧道位於海底 60 公尺深處

下右：走完全程 780 公尺的隧道後，可到門司港車站換取一張紀念證明

780公尺的海底隧道，貫穿九州與本州，隧道分置兩層結構，上層為車道，下層為行人專用步道，步道內恆溫維持在15度左右，全程路段設有16部監視器，以防緊急情況發生。步道除了防滑設施，供一般民眾步行，也可騎單車穿行其間；780公尺的步道中間，畫有山口縣與福岡縣的分界線，以為臨界分野。常見民眾在隧道裡往返慢跑或散步，享受海底走路的另類滋味，由於通風與通訊設施良好，散步的民眾還能邊走路邊拿手機講話。

走在關門海峽底下隧道，聽不到風聲、水聲，以及平家與源氏海戰的隆隆廝殺聲，隱約聽得平家大將一個個投海自盡的悽愴嘆通聲，忽而想起意志搖擺不定的內大臣平宗盛和右衛門督平宗清父子二人，被平家武士故意撞到海裡去的景象。

武士跳海自盡時，大都身著重鎧，並把重物捆綁在背上或抱在懷裡，便於很快沉下海去。可那對父子沒做這樣打算，內大臣心想，若兒子沉下去，自己會跟著下沉；若兒子活著，自己也要活著。右衛門督心想，若父親沉下去，自己也需下沉，若父親不死，自己便可不死。父子二人漂浮在海中相互觀望算計，正巧源軍的伊勢三郎義盛划著小船過來，先用撓鉤把右衛門督打撈上來，內大臣見狀，更加沉不下去，最後也被活捉了去。

這時，內大臣乳母之子飛驒三郎左衛門景經，乘一小船，跳進義盛的船上，大喊：「捉我主公者為何人？」便舉起腰刀殺了過去。義盛的小馬弁眼見自己的主公恐遭不測，猛然上前獨力招架；景經的腰刀正好砍在他頭盔，第二刀砍下來便削掉首級。

眼見義盛處在危境之中，鄰船的堀彌太郎親經趕忙搭弓搭箭，一箭射去，正中景經面部，太郎乘勢上前把景經按倒在地，從卒們隨其主公蜂擁上船，掀起景經鎧甲下的護腰，捅入兩刀。景經雖為有名的金剛力士，但寡不敵眾，傷及要害，就這樣一命歸天。

眼看乳母之子為救主公被刺身亡，不知被人生俘了去的內大臣做何感想！

關門海底隧道地景：一、下關市御裳川公園對街。二、門司港區和布刈神社對街。

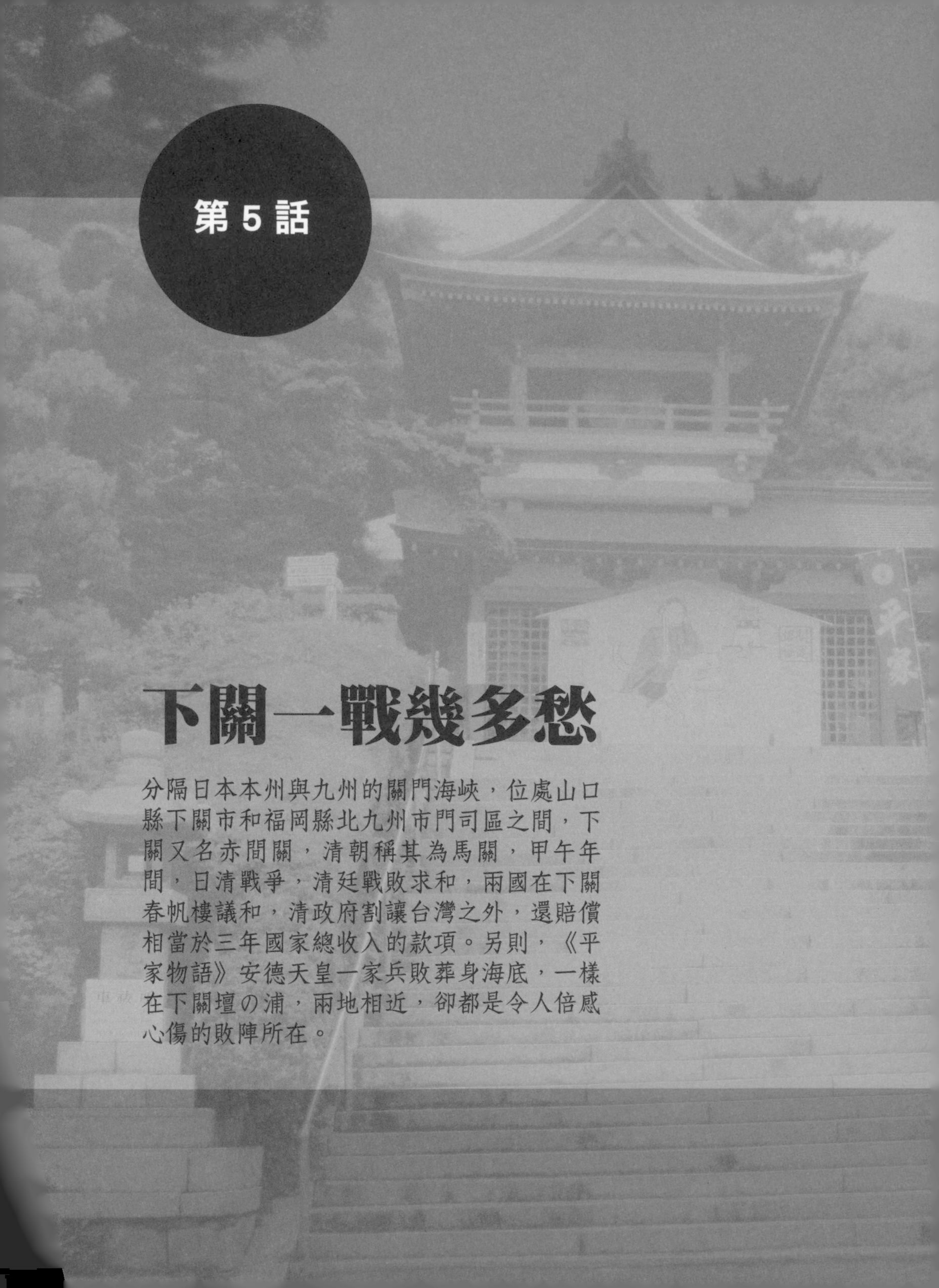

第 5 話

下關一戰幾多愁

分隔日本本州與九州的關門海峽，位處山口
縣下關市和福岡縣北九州市門司區之間，下
關又名赤間關，清朝稱其為馬關，甲午年
間，日清戰爭，清廷戰敗求和，兩國在下關
春帆樓議和，清政府割讓台灣之外，還賠償
相當於三年國家總收入的款項。另則，《平
家物語》安德天皇一家兵敗葬身海底，一樣
在下關壇の浦，兩地相近，卻都是令人倍感
心傷的敗陣所在。

下關市文學地景
（關門海峽左側）

KANMON
STRAIT

源義經戰勝祈願的
大歲神社

那把紅色的金太陽扇，在白浪上漂浮著，
忽隱忽現，悠悠蕩蕩。

　　源氏戰將源義經生於平治元年（1159
年），歿於文治5年，（1189年），為日本
平安時代末期，河內源氏　家的武士，源義
朝的第九子，幼名牛若丸。源義朝在平治之
亂被平清盛打敗，源義經於七歲時被送到京
都鞍馬寺學習，稍長之後投奔奧州，受到奧
州藤原氏當主藤原秀衡的庇護。及長，源義
經與兄長源賴朝一起舉兵討伐平家，在著名
的源平合戰中戰功彪炳，威名顯赫，但也因
功高震主而為源賴朝所猜忌，最終兄弟反目
成仇。源賴朝於得到後白河法皇的院宣後，
向全國發布通緝令追捕義經，義經在走投無
路之下再度投靠藤原秀衡，最後在平泉高館
宅第自盡。

　　源義經在關門海峽戰役中，曾帶兵到位
於下關市竹崎町的大歲神社祈願，當前的大
歲神社仍紀錄有源義經「義經戰捷の矢」的
大幅石刻像。由於其富於傳奇與悲劇色彩的
一生，深受後世日本人愛戴，許多戲劇、小
說都有關於他的描述。

　　《平家物語》書中提及，與源義經一樣
擁有高超射箭術的那須與一，出生嘉應元
年（1169年）下野國，為源氏武將，本名
宗高，俗稱與一。他於1184年源平屋島之

上：源義經戰勝祈願的大歲神社
下左：大歲神社的獻燈與鳥居
下右：大歲神社仍紀錄有源義經
「義經戰捷の矢」的大幅石刻像
右頁：大歲神社的山門鳥居

戰時，因神乎其技的弓術而名留後世。據稱，當時平氏將一把扇子插放船頭，挑釁源軍戰力，認為沒有人可以射中，結果卻被那須與一一箭射中。

　　書云：源軍正準備收兵時，一艘不尋常的小船從海灣向岸邊駛來，在離岸七八段遠的地方，猛然把船橫了過來。「這是怎麼回事？」源軍士兵正大惑不解，只見船上走出一位年約十八九歲、婀娜多姿的姑娘，穿著一件柳色五重衣和紅色褲裙，將一把紅地上印著一輪金色太陽的紙扇，插在橫跨兩側船舷的棚板上，向岸上源軍打招呼。

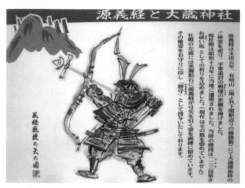

　　判官源義經向後藤兵衞實基問道：「這是怎麼回事？」「好像是讓射箭。大將軍您看，站在箭靶位置的是一位美女；依我看，她是要讓箭手射掉那把紙扇。果真是這樣，就讓我們的人來好了。」「讓誰來射呢？」義經問。「高手倒有幾個，其中下野國那須太郎資高的兒子與一宗高，身材雖矮，卻是射箭高手。」「這話可有根據？」「他與人打賭射飛鳥，要兩隻就射下兩隻，要三隻就射下三隻。」「如果真是這樣，把他叫來！」於是那須與一被叫了來。

　　與一那時候才二十來歲，穿著褐色直裰，下擺和袖口都有紅色鑲邊，披著淺綠色線縫綴的鎧甲，配戴銀鞘腰刀，背上高高背著當天作戰剩下的幾支花斑鷹翎箭，腋下夾著纏藤的弓，摘下頭盔，掛在肩頭的紐結上，就這般裝束來到判官義經面前聽令。「宗高呀，把箭射在那把紙扇的正中央，讓平家的人見識見識。」與一恭敬地回答道：「射箭未必每回都能那麼準確，如果射不中，豈不有損主公顏面。有射得更好的人，主公叫他射吧！」判官聽了大怒，大聲斥道：「諸位將士從鎌倉出發，遠征西國，絕對不可違背我的命令。若懷有三心二意，馬上給我回去！」

　　與一覺得再加申辯恐怕不妥，便說：「絕不是三心二意，主公既然這麼器重，屬下就射射看吧！」說完便退了下來，給那匹肥壯的黑馬披上後韂，備上貝殼裝飾的雕鞍，躍身騎了上去。重新拿好弓，挽住韁繩，向灘頭奔馳而去。同伴目送他遠去的背影，都說：「這年輕人一定能射中。」判官也以期待的心情注視著。

　　因為射程稍稍遠了點，與一往海上前進一段路，便在距離那把紙扇大約七段遠的地方停住。這時正是酉時，北風呼呼，浪拍岩

左頁左：源義經「義經戰捷の矢」的繪像
左頁右：神射手那須與一用弓箭射中源軍紙扇子的繪圖
上：善於射箭術的那須與一射箭英姿
中：位於神戶須磨區的那須與一墓所
下：文藝春秋出版司馬遼太郎著作的《義經》

岸，波濤洶湧，小船搖搖晃晃，使紙扇無法在扇柄上穩定下來。平家船隊排列在海面上觀望，源氏人馬並轡在陸地上注視。對任何一方來說，不能不說是一場精彩的表演。

與一閉上眼睛，心中祈禱：「南無八幡大菩薩，下野國的諸位神明：日光的權現宇都宮，那須的湯泉大明神，請保佑弟子射中紙扇；倘若不中，弟子必定折弓自盡，不再見人。弟子盼望能再回本國，請保佑這一箭不要失手！」話畢，睜眼一看，風勢稍減，紙扇穩住。於是取過響箭，搭在弦上，拉開弓，嗖地射了出去。雖說與一身材矮小，但箭是十二把三指長，弓是硬弓，箭頭是掠海飛鳴的鏑鏃；他準確地瞄著寸把長的扇軸射去，卡嚓一聲，射斷成兩截，紙扇飄在空中，箭鏃落入海裡。只見它閃閃爍爍地在空中飛舞，被北風吹得翻來轉去，霎時飄落在海面上。

在夕陽照耀下，那把紅色的金太陽扇，在白浪上漂浮著，忽隱忽現，悠悠蕩蕩。海面上，平家人拍著船舷讚歎不已；陸地上，源軍拍著箭筒齊聲喝采。

據稱，那須與一後來被封與信濃、丹波等分布在五國的莊園，下野國的那須氏一直傳承到戰國時代。

喘氣走上大歲神社陡峭的階梯，想起和源義經一樣箭術偪人的那須與一，這一段精彩的故事，不禁感嘆起日本人喜歡悲劇美學的內在意趣。

太歲神社地景：山口縣下關市竹崎町1丁目13番10號，JR下關車站前徒步五分鐘。

源義經與弁慶初陣
大戰木曾義仲

三浦石田次郎為久大聲喊道：聞名全國的
木曾公，被石田次郎射死啦！

《平家物語》書中主角之一的源義經，
曾被送往比叡山附近的鞍馬寺修行，日後，
源義經與原為比叡山延曆寺和尚的武藏坊弁
慶結識，武藏坊弁慶從比叡山入京後專門奪
人刀劍，結果在京都五条大橋被義經擊敗，
從此成為義經的家臣，四天王之一。他以過
人的謀略與怪力輔助主公，最後卻在衣川之
戰殉亡。

《平家物語》書中的另一要角木曾義
仲，原名源義仲，出身名門河內源氏，為源
義賢的次子，源賴朝及源義經為其堂兄弟，
幼名駒王丸。木曾義仲在源平合戰中，大敗
當權的平氏一門，威震四方，自稱「朝日將
軍」，一度有君臨天下之勢，由於年輕氣
盛，加以驕傲粗暴的性格，眾叛親離，迅速
敗亡。最後被源義經等大軍圍剿，斬首示
眾。短暫三十年的人生充滿傳奇性，崛起與
滅亡的過程猶如一場壯麗的悲劇，是日本傳
統的悲劇英雄之一。

來到下關所見湍急水流的關門海峽，不
免想起在宇治川先陣中的源義經和木曾義
仲。1184年，源義經受源賴朝之令，前往
宇治討伐先行入京的木曾義仲，時值兩軍在
宇治川對峙，河岸水中交戰，殺得天地一片

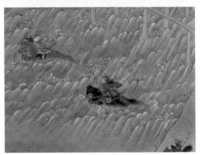

上：木曾義仲繪像（德音寺藏）
中：源義經和弁慶在五条大橋不
打不相識繪圖（歌川國芳繪）
下：宇治川先陣之戰（林原美術
館藏）
右頁：位於京都近郊的宇治川

昏暗，結果源義經在此取得首戰勝利。書云：

「佐佐木拔出腰刀來，把絆馬索一條一條斬斷，騎在日本第一的生食馬上，不顧宇治川水流湍急，一條線筆直地渡到對岸去。梢原所騎的摺墨馬在河心被沖成一條弧線，從下游遠處渡過岸來。佐佐木雙腳踩鐙立於馬上，大聲向敵人通報姓名：『吾乃宇多天皇九世後裔佐佐木三郎秀義的四男，佐佐木四郎高綱，宇治川的先鋒！有種的上來和高綱分個高低！』高喊著向敵陣衝去。」

「木曾方面駐守宇治橋的軍兵進行了短暫的防禦之後，因東國大軍都已渡過宇治川來進攻，便逐漸潰敗，退往木幡山和伏見去了。勢田方面，用了稻毛三郎重成的計謀，由田卜地方的供御淺灘渡過河去了。」

大將軍九郎義經在宇治川先陣一戰成名，一邊讓軍兵交戰，又一邊惦記木曾義仲意圖謀反，法皇身陷危境，想前去護駕，於是勒緊甲冑，會同五六名武士向六條御所馳去。書云：

「大膳大夫成忠奉旨把九郎義經叫到寢宮外側的廂房，仔細詢問戰況。義經畢恭畢敬地稟報道：『聞聽義仲謀反，賴朝大驚，便

派范賴和義經率武士三十餘人，領兵六萬餘騎，前來護駕。范賴取道勢田，還未到達；義經擊潰宇治敵軍，為保護聖駕特先馳來。義仲沿賀茂川河原向北逃竄，已派軍兵跟蹤追剿，此刻想必全部剷除了。』奏報如此泰然自若，法皇聞聽高興，說道：『太好了，木曾的餘黨或許還會來作亂，你們就守衛在此吧！』義經敬謹受命，緊閉四門，等待收集軍兵。時間不長，便收集了一萬餘騎。

木曾本想在萬一的情形下奉了法皇，逃奔西國與平家聯手，所以收羅了二十個抬御輿的苦役。如今聽說九郎義經已奔往御所守衛，便怒吼一聲，吶喊著向數萬騎敵軍衝去。有幾次險些被殺，但他勇猛廝殺，終於突出重圍。木曾流淚道：『早知這樣，不該把今井派往勢田。從騎竹馬的少年之時就發誓同死一處，如今竟要分別陣亡於兩地，豈不悲哉！一定要查明今井去向。』於是沿著河原向北馳去。當奔馳到六條河原和三條河原之間時，遇到敵軍襲擊，且戰且逃，以極少的兵力把多如雲霞的敵軍擊退五六次，終於渡過賀茂川，逃往粟田口和松阪。當時從信濃出發，號稱五萬餘騎，今日經過四宮河原，僅剩主從七騎了。而且將要孤身一人走上黃泉之路，真是可悲啊！」

傳聞木曾經長阪走上通往丹波的大路，逃往北國去了。實際

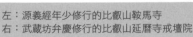

左：源義經年少修行的比叡山鞍馬寺
右：武藏坊弁慶修行的比叡山延曆寺戒壇院

右頁
左：京都五条大橋源義經與弁慶會戰塑像
右：宇治川先陣之碑位於宇治川畔，鄰近平等院

上，木曾為了探聽今井四郎的去向，朝勢田方向奔去。今井四郎兼平原以八百餘騎在勢田防守，現在只剩五十騎，因擔心主將木曾安危，便捲起戰旗，向京城退去。行至大津的打出濱，恰與木曾相遇。書云：

「木曾單人匹馬向粟津松林馳去。黃昏時刻，地面結起薄冰，辨認不清這是一片深水田，便躍馬進去，卻深陷泥淖之中，連馬頭都給淹沒，任憑他踏著馬鐙驅趕，揮舞馬鞭抽打，馬匹絲毫不動。只因心中牽掛今井四郎，不覺回過頭去張望，這時從後面追來的三浦石田次郎為久，正覷探著他面部，嗖地射出一箭，木曾受了重創，俯卜頭來，把頭盔抵在馬頭上，石田的兩個從卒追至近旁，終於取下木曾首級，挑在刀尖上，高高舉起，大聲喊道：『聞名全國的木曾公，被石田次郎射死啦！』今井四郎正在酣戰，聽得這陣喊聲，說道：『事已至此，我還為誰而戰呢？請看吧，東國的諸位！這就是日本第一的硬漢自盡的榜樣！』說完，把刀尖插入口裡，一頭栽到馬下，穿透咽喉而死。粟津一戰沒有交鋒就宣告結束。」

故事發展至此，一度馳騁戰場、所向披靡的楚霸王式的一代英雄木曾義仲，從此消失在歷史的長河中，留給後世人無限慨歎。相對的，彼時的源氏大當家源賴朝也離權力核心的高位更近一步了。

133

宇治川地景：京都近郊洛南地區宇治市內，鄰近平等院。

源義經與平知盛的戰場

公園矗立身著鎧甲，姿態威風凜凜的源義經，以及舉起海錨將纜繩綁在身上的平知盛，兩尊銅雕像。

　　來到下關市關門大橋基座底下的御裳川公園，彷彿重見源平合戰時的戰爭場面。

　　架設有數門大砲的「壇浦砲臺舊址」，面向關門海峽，公園內矗立身著鎧甲，英姿豪邁、威風凜凜的源義經，以及雙手舉起錨碇，將纜繩綁在身上的平知盛，兩尊巨大的銅雕像，一副不懼生死的決戰模樣；銅雕像前並立有日本NHK電視台拍攝的年度長片「義經」中的演員瀧澤秀明與中越典子等人的銅製手印。《平家物語》書中所言的壇の浦決戰所在地，就在這裡。

　　時為1185年3月24日清晨6時許，平家軍撤退到長門的彥島據守，源範賴和源義經也在對岸佈陣對峙。雙方已有海戰覺悟，開始糾結戰船，起先平家僅五百艘，源氏八百四十艘，兩軍互別苗頭，群起糾集更多船家加入戰局，各種傳聞也相繼傳開來。書云：

　　「源平兩軍個個拚命向前，吶喊廝殺，一時難分勝負。因為平家擁戴萬乘之君，攜帶傳國神器，源義經感到難操勝券，正自狐疑，忽然看見一朵白雲在空中漂浮，其實那並不是雲，而是一幅沒主的白旗，飄然而下，好像就落在源氏船頭的旗桿上一樣。」

上左：壇の浦古戰場在
關門海峽
上中：壇の浦海戰紀念
碑
上右：下關市御裳川公
園的砲台
下：御裳川公園內的源
義經和平知盛對決雕像

判官源義經說道：「這是八幡大菩薩顯靈了。」即起，趕緊淨手漱口，頂禮膜拜，眾軍兵也都紛紛跪拜行禮。

　　這時，又有海豚一二千隻從源軍方面向平家船隊游來。內大臣平宗盛見了，便召來陰陽博士安倍晴信，問道：「海豚向來成群活動，但這麼多的魚群甚為罕見，你看主何吉凶？」「這群海豚如果游回源氏那邊，源氏必亡，如向我方穿游而過，我方必敗。」話未說完，成群結隊的海豚已然從平家船底穿游而過。晴信一副憂傷表情說道：「看來，大勢去矣！」

　　且說阿波民部重能，近三年來為平家克盡忠心，多次冒死奮戰，但其子田內左衛門已被源軍生俘，他認定平家必敗無疑，於是懷有二心，想歸順源氏。正好平家出於策略上的考量，讓有身分的人搭乘戰船，一般軍兵搭乘唐式大船，若源氏被大船所誘，向大船進攻，平家軍便以戰船圍攻。這計謀被阿波民部洩漏給源氏，因此源軍不向大船進攻，逕自向平家大將隱蔽其中的戰船襲去。新中納言平知盛說道：「實在可恨，重能這廝，真該千刀萬剮。」雖然百般恨意，終究無濟於事。

　　期間，四國九州的軍兵，全都背離平家，紛紛歸順源氏。過去依附為門下的人，如今對主公弓矢相向，持刀相對。平家軍想駛船靠近對岸，但波高浪大，欲近不得；想駛往另一灘頭，又有敵軍埋伏，備弓以待。源平逐鹿，眼看就成定局了。

　　由是，源義經心生妙計，下令集中狙殺平家的舵手。這時，失去機動能力的平家船隊比源氏更加動彈不得；正午過後，潮流改變，源氏順勢接近平家軍，展開白刃血戰，戰情隨之逆轉。一場慘烈激戰，平家果然大勢去矣，平知盛、平有盛、平經盛、平教盛、平行盛等大將陸續投海自盡，年僅八歲的安德天皇則由祖母二品夫人挾抱跳海身亡，源平兩軍壇の浦決戰結束，平家滅亡。

左：日本 NHK 電視台拍攝的年度長片「義經」，飾演源義經的演員瀧澤秀明手印銅雕

壇の浦古戰場地景：一、御裳川公園（みもすそがわ）。二、關門海底隧道下關出口對街。

葬身海底皇宮的
安德天皇

出於御舟之中，沉於波濤之下，轉瞬間斷
送了至尊的性命，豈不哀哉！

　　安德天皇出生於1178年12月22日，歿
於1185年4月25日，名言仁，列入日本第81
代天皇，在位未及四年。

　　安德天皇是高倉天皇的長子，外祖父平
清盛權傾一時，言仁不到一歲時，就被立為
太子，三歲時匆匆即位。不久，祖父後白河
法皇遭到拘禁，朝政大權完全掌控在平清盛
手裡；後世的史學家認為，平氏政權兼具有
貴族和武士雙重性質。平清盛死後，源平紛
爭時起，1185年春，源平兩軍在壇の浦決
戰，平氏全軍覆沒，平清盛之妻平時子懷抱
外孫安德天皇在現今關門海峽投海自盡。

　　傳說，當時安德天皇與胞弟守貞親王曾
被暗地調換，因此，有人認為落海的幼帝是
守貞親王，而非安德天皇。真實的安德天皇
後來以守貞親王的身分存活於世。傳說無法
查證，姑妄聽之。

　　《平家物語》書中的〈幼帝投海〉一文
中，如是說道：

　　「這個國度令人憎惡，我帶你去極樂淨
土吧。」安德天皇的外祖母二品夫人邊哭
邊說道，然後給天皇換上山鳩色的御袍，梳
理好兩鬢打髻的兒童髮式。幼帝兩眼含淚，
合起纖巧可愛的雙手，朝東伏拜，向伊勢大

上：御裳川公園內的馬關開港
百年紀念碑
中：裳川公園內的「壇浦砲臺
舊址」
下：穿著傳統服飾的解說員，
用「歷史體感紙芝屋」的方
式，為遊客講解《平家物語》

神宮告別;然後面朝西方,口念佛號不止。不久,二品夫人把天皇抱進懷裡,也把神璽挾於肋下,將寶劍插在腰間,安慰幼帝說道:「大浪之下也有皇都。」話下,便連同寶物一起投身到海底去了。

昔日皇宮之中可稱為大梵高台之閣,帝釋喜見之城;大臣公卿簇擁於寶座之前,親族姻戚相從於玉輦之後;如今出於御舟之中,沉於波濤之下,轉瞬間斷送了至尊的性命,豈不哀哉!

安德天皇被祖母緊抱投海自盡,生母平德子(又稱建禮門院)見狀,也跟著天皇之後,投海自盡,卻被源氏士卒救起。源平戰後,她被當作俘虜送回京城。之後進入大原寂光院出家,號「直如覺」,度過殘生餘年;求死不成,求仁不得的建禮門院,可說是平氏一族投海自盡滅絕悲劇中,唯一存活下來的女主角。

平家武士全軍覆沒的慘劇傳開後,有人在海邊發現一種外殼長得像極了平家武士的螃蟹,便取名「平家蟹」;只要是抓到這種螃蟹,人們會自動把牠們放回海裏,以紀念壇の浦海戰中,所有死去的平家將士。

如今,下關市御裳川公園內,設有「安德帝御入水處」石碑,不僅指出幼帝與外祖母投海自盡與後來被打撈尋獲屍首的所在,同時供作歷史憑弔;平日更有穿著傳統服飾的解說員,用「歷史體感紙芝屋」的說書方式,為遊客講解這一段慘烈的「平家物語」。

左:安德天皇被祖母抱著投海自盡的繪圖(林原美術館藏)
左頁:幼帝安德天皇御入水處

幼帝御入水處地景:
一、御裳川公園。
二、關門海底隧道下關出口對街。

平家の一杯水的啟示

真是好喝的一杯水啊！清爽極了，它讓我的喉嚨感到十分濕潤。

　　源平壇の浦海戰，平家原本以為海潮順勢是「天助我也」，豈料正午時分，潮水逆轉，源軍取得地理優勢，一舉擊潰平家大軍。《平家物語》書云：

　　新中納言平知盛說：「不願看到的事終於來臨了，現在讓我們自盡吧！」便把他乳母的兒子伊賀國平內的左衛門家長喚來，叮囑道：「平日的誓約不可違背呀！」「這事無須叮囑。」於是給中納言穿上兩套鎧甲，自己也穿上兩套，平知盛則身纏錨碇，相互拉著手，一同投海。武士二十餘人，見此情景，個個爭先恐後，手拉著手，一起縱身投進大海。

　　其中越中次郎兵衛、上總五郎兵衛、惡七兵衛、飛驒四郎兵衛，終於設法在如此情勢之下逃了出去。他們把紅旗紅幟拋在海面上，那情形就像龍田川的紅葉被山風吹落，繽紛滿地；拍打岸邊的白浪也變成了淺紅色。失去主人的空船任憑風浪打擊，像失了魂似的在海上漂泊著，真是可悲。

　　元歷2年（1185年）暮春，這是什麼年月啊！天子沉入海底，百官泛於波上；國母女官陷入東夷西戎之手；臣下卿相被俘於數萬軍旅之中；一旦遣歸故里，或效朱買臣

上：「海峽物語」說明壇の浦海戰的情況
中：下關市前田町的「平家の一杯水」紀念石碑位於大馬路邊
下：從「平家の一杯水」飲水處看壇の浦古戰場
右頁：從「平家の一杯水」紀念碑下階梯即可見到將士飲水之地

140

不能衣錦之歎，或懷王昭君遠赴胡國之恨，總之，這是極為悲傷的事。

更令人感傷的是，平氏家族中，部分落海倖免於死的武將士卒們，因為潮流變化之故，被沖激到岸邊，這些人拼命在黑夜裡，藉由一點點的月光，泅游來到下關，帶著傷痕累累的身體，又是匍匐爬行又是氣如游絲，加上過度疲憊的心情，急欲渴求能夠喝到一杯清涼的水解渴。

總算皇天不負苦心人，這些人好不容易在海峽邊的淺灘附近見到一塊水窪地，武將們拖著滿是傷口的身體，爬到水窪邊，用染著斑斑血跡的雙手掬起水窪裡的水喝下，當喝下第一口時，武將興奮的說著：「真是好喝的一杯水啊！清爽極了，它讓我的喉嚨感到十分濕潤。」

可當武將再度用手掬起水喝時，竟發現這水是鹹的，不似剛才第一口那麼甘甜好喝，他立即噎吐出那口鹹水，一臉疑惑的叫著：「怎麼會這樣啊！」

原來，武將喝的第一口水也是海水，只是因為過度激渴的緣故，誤把海水當成淡水，直到喝下第二口水時，才猝然醒悟過來，一場海戰竟使他身不由己的迷失了。

後人為了紀念這一場世紀戰事帶來的悲劇，便將那口水窪地取名「平家の一杯水」。

左：平家落海將士飲水處被後人築起高台

平家の一杯水地景：山口縣下關市前田町1-1-1。「前田」公車站牌下車，徒步約5分鐘，近海邊。

為憐桔香子規啼
我為故人淚沾衣

安德天皇後來被奉為久留米水天宮的祭神，成為水神、安產之神。

平家在壇の浦海戰大敗後，整個家族四分五裂，投海自盡者多，被生俘者不少，而更多女官選擇遁入佛門，與佛祖相依，晝夜朝夕勤謹膜拜，不分晨昏念誦佛號，度日遣月從不稍怠；女官們更是早晚殷勤祈禱天子聖靈早成正覺，一族亡魂均得佛果，常常，安德幼帝的面影越發不離眼前，真是幾生幾世也無法忘懷。《平家物語》書末〈灌頂卷〉第一章便提到安德幼帝的母親建禮門院出家後，哀慟的念子心情。書云：

「建禮門院隱居在東山之麓，賀茂川東岸的吉田附近；住在奈良高僧中納言法印慶惠的一所僧房裡。房舍年久失修，庭院雜草叢生，簷下萱草繁茂；簾帷殘破，閨房敞露，難避風雨。儘管繁花爭芳鬥妍，可惜花開無主；明月夜夜生輝，可歎賞月無人。從前宴居雕欄玉砌、綾羅綿繡之中，過著錦衣玉食的生活，如今離開親人，棲身於隳朽陋室，心中的悲哀可想而知。這正如失巢之鳥，離淵之魚，緬懷昔日漂泊海上、困居舟中的生活，反倒令人想念。想起往日蒼波路遠，寄思於西海千里之雲；看今朝茅屋苔深，淚落於東山一庭之月；悽悽慘慘，何等悲切！」

上：源賴朝下令在依山面海的赤間關建立阿彌陀寺禦影堂，供奉幼帝安德天皇靈位

下：赤間神宮另供奉有目盲琵琶法師無耳芳一的「芳一堂」

　　建禮門院於文治元年（1185年）5月1日削髮出家。據說，授
戒法師為長樂寺的阿證坊上人印誓。女院將先帝安德天皇的長袍賜
給他作為布施。本來這是先帝臨終時的遺物，香澤至今尚存，隨時
撫覽以為紀念。從西國攜至京都，原想永遠留在身邊，只因沒有可
以布施之物，又兼為先帝祈求冥福，便強忍眼淚送給上人了。上人
收下，默無一言，淚濕了袈裟衣袖，哀泣著退下。據稱，後來上人
把這袍子縫成布幔，懸掛於長樂寺的佛尊前面。

　　女院十五歲時詔封為女御，十六歲晉升為后妃之位，常侍君王
之側，晨起襄理朝政，夜晚陪侍酒宴。二十二歲時皇子降生，立為

太子；踐祚之後，賜封院號，命名建禮門院。即是入道相國之女，又是天皇母后，為天下崇敬，非止一端。今年二十九歲，依然是貌勝桃李花失色，艷似芙蓉色不衰。瑩光墨玉一般的黑髮，現已剪落無存。棄絕塵世，遁入空門，豈不可悲！

一門親人戰敗自殉投身海底的情形，以及先帝、二品夫人的音容，都是永世難忘。自己朝露一般的性命雖然苟延至今，每當想到遭際之悲慘，便禁不住淚流不止。五月間儘管夜短，猶覺延宕難明；夜色沉沉難以成寐，夢尋往事猶且不能。真是孤燈殘影背壁冷，闇雨敲窗徹夜愁。上陽宮中的宮人，其哀怨的情形也不過如此吧！原來的僧房主人為寄託思念往事之情而移植此處的柑桔，隨著簷下微風飄來熟稔的花香，同時也傳來二三聲山中子規鳥的鳴囀。女院因而想起古歌，於是在硯蓋上寫道：

為憐桔香子規啼，我為故人淚沾衣。

女眷們都顯得頗有豪氣，二品夫人、越前三位的夫人，都英勇地投海自盡。被武士生俘送歸故里的人，無論老少，全都出家，形容憔悴，雖生猶死，朝夕在難以想像的山巖谷底度日。舊宅均已化

左：赤間神宮原名叫阿彌陀寺禦影堂
右：神宮後側安置有三座高十三層的水天供養塔，奉安德天皇為久留米水天宮的水神
左頁：位於下關港口附近的赤間神宮

為煙塵，廢墟遺址業已變為野草叢生之地，自然無人過問。如今的心情猶如異國梁朝吳均撰寫《續齊諧記》書中所敘，劉晨與阮肇赴天台山採藥，迷路，遇仙女，過半年回家，人世間已是第七代玄孫了一樣，不覺感到淒涼感慨！

七月九日發生大地震，四處房倒屋塌，女院隱居之所也牆頹屋毀，無法居住。此處自然沒有嚴守宮門的綠衣羽林，唯有應時的秋蟲，從粗陋的籬牆和茂密的田野中傳來唧唧叫聲，令人更覺淒冷。難以入寐的黑夜越來越長，更難熬到天明了。無盡的哀愁，當此蕭瑟的秋季越發令人難以忍受。世態炎涼，就連那些故舊也全都遠離而去，無一人肯來光顧了。

念子情深的建禮門院想起尚且不識世事的安德幼帝，和母親二品夫人陷落到冰冷無依的海底帝都，未知如何？心底無端湧起萬般苦楚。

這一邊，壇の浦海戰一年後，源賴朝為了安撫安德天皇的怨靈，即於幼帝投海殞命不遠處的關門海峽對岸，在依山面海的坡地上建立阿彌陀寺敕影堂，供奉幼帝靈位；阿彌陀寺旁並祭祀在大戰中自盡的平氏一族的「七盛塚」陵墓。安德天皇後來被奉為久留米水天宮的祭神，成為水神、安產之神，被各地的水天宮祭祀。明治8年（1875年），阿彌陀寺更名為赤間神宮，昭和40年（1965年）新神殿竣工，改建成赤紅色的龍宮造型，以慰安德天皇在天之靈。每年4月23～25日為安德先帝祭。神宮並收藏有國家指定重要珍貴文化遺產的長門本《平氏家族故事》二十卷，列為神宮寶物。神宮後側並安置有三座高十三層的水天供養塔，以及無耳芳一的木雕坐像，供民眾聽聞芳一說唱全本的《平家物語》。

左：阿彌陀寺旁祭祀在海戰中自盡的平氏一族「七盛塚」陵墓

赤間神宮地景：山口縣下關市阿彌陀寺町4-1。

杜鵑聲裡應含淚
浮生坎坷淚不盡

所有這一切，彷彿經歷了六道世界一般。

《平家物語》終卷〈灌頂卷〉總括人生經歷「六道」的盛與衰、善與惡的輪迴世界。灌頂卷專講安德天皇的母親平德子（建禮門院），在劫難後出家隱居的生活。對於這一卷的由來，有人說是後半各卷抽集來的。有人說是原來書成之時即有此卷，如此結束才得與卷首的〈祇園精舍〉相呼應。終卷〈灌頂卷〉之〈六道〉如是寫道：

「這是遁世隱居者的常情，說不上什麼痛苦。趕快見見面，好讓法皇早些回去。」安德天皇的母親建禮門院說完，便走進庵室去了。「念佛一遍倚窗前，守候晨光遍照；念佛十遍啟柴扉；企盼聖眾來迎。御駕光臨此地，實出意料之外。」建禮門院哭訴著拜見法皇。

法皇看她這般模樣，說道：「非想天可保持八萬劫的長壽，但仍逃不了滅亡的憂愁；欲界天難免仍有五衰的悲傷。善見城中的勝妙之樂，中間禪的高閣，以及夢中的因果報應，幻影中的樂趣，有如車輪滾滾，無窮無盡。天人五衰的悲傷，人世更是不可避免。」說到這裡又問道：「有人來看望妳嗎？是不是觸景生情，時刻追憶往事？」

「沒人來看我。只有隆房、信隆的兩位

上：《平家物語》一書末尾篇的「灌頂卷」

下：安德天皇落海殉死繪圖（真田寶物館藏）

147

夫人偶爾捎個信來。從前，萬沒想到會受她們的照應。」說著落下淚來。隨侍的女人也跟著淚灑衣袖。建禮門院忍住眼淚說道：「我的處境如此，一時悲傷總是難免，但一想到身後冥福倒也高興。頃刻間便能成為釋迦弟子，在彌陀如來的引導下，擺脫五障三從之苦，清淨三時六根之垢，一心嚮往九品淨土，虔誠祈求一門冥福。常時企盼三尊來迎。永世難忘的是先帝的音容，想忘也忘不掉，想逃也逃不開，沒有比母子之愛更令人悲傷的了。所以，為了給他們祈求冥福，朝夕敬謹修行，這也許就是我或可得救的機緣吧！」

法皇聽了說道：「我朝是邊鄙散粟之地，我以十善陰騭得為天皇，身為萬乘之主，無一事不愜己意，尤其生於佛法流布之時，立志修行佛道，身後進入極樂淨土是毋庸置疑的。人世無常本為自

然，絲毫不足奇怪，見妳如此情形，實在覺得可憐。」

建禮門院接口道：「我是平相國之女，天子的國母，一天四海盡在掌握之中，每年從祝賀新正大典開始，多次寒暑易服，直至年終誦唱佛名的典禮為止，攝政關白以及所有大臣公卿，無不謙恭敬重，好比在六欲四禪的雲天之上，由八萬四千眾多佛聖圍繞供奉一般，文武百官全都敬謹相拜。在清涼殿和紫宸殿上，置身玉簾之中，春天觀賞內殿櫻花，心曠神怡。九夏三伏之暑天，汲取清泉，以慰身心。秋天邀集百官設宴賞月。玄冬素雪的寒夜，重衣取暖，研求長生不老之術，尋覓蓬萊不死之藥，一心只盼久居人世。沒晝沒夜，一味尋求歡樂，只覺上蒼加佑到此已是極限了。」

又說：「自壽永秋天，害怕木曾義仲棄京出走，一門上下只能從雲天之外遙望久居的京城，回首燒成灰燼的故里。從過去僅只耳聞的須磨，駛經明石的每個渡口，那情景著實讓人悲哀。白天衝破漫無邊際的波濤海路，淚沾衣襟；夜間與沙洲的海鳥共啼，苦待天明。雖然看到無數頗有名氣的渡口和小島，但對於故鄉總是難以忘懷。如此飄泊，無處安身，這就是所謂天人五衰生者必滅的悲傷呀！人世間的愛別離苦、怨憎會苦，都讓我體驗到了。四苦八苦，全都集於一身。」

傷心欲絕的建禮門院又說道：「後來在築前國太宰府那裡，被緒方維義逐出九州，山野雖廣，卻無可安身之所。那時正值秋末，過去在皇宮觀賞的明月，如今只好在漫漫海浪上與之遙遙相對。在這般艱難困苦之下，到了十月間，平清經中將慨歎道：『京都已落源氏之手，九州又被維義所逐，我等就像落網之魚，無處可安身，看來大勢已去了。』於是便自沉海底。這是沉痛敗亡的開端。在海上等來日暮，在舟中待到天明，各國貢物不至，三餐供膳無人，偶爾送來膳食，又因缺水無法下嚥；雖說浮泊在水上，但海水是沒法飲用；這痛苦直如陷入餓鬼道一樣。之後，室山、水島屢次交戰獲勝，人們略覺有了生機。及至一之谷交戰，全族死傷大半，人人戰袍束帶，鐵鎧纏身，不分晝夜，吶喊廝殺，這情形就如同修羅道的爭鬥、帝釋天的拚殺一般。一之谷陷落之後，父子分離，夫妻訣別，把海灣上的漁船視為敵艦，失魂落魂；把松林裡的鷺群看作源氏白旗，膽戰心驚。這之後，在門司、赤間關最後決戰，二品大人

吩咐道：『男人們能活下來的，怕是千萬之中也不會有一個，即便僥倖生存，若是遠族，也不會為我們祈求冥福。自古以來，打仗是不殺女人的，無論如何要保全下來，為先帝祈求冥福，也為後世禱告修福。』聽了這番話，恍惚如在夢中，忽然狂風大作，烏雲密佈，軍心渙散，士氣萎靡，看來大勢已去。天命如此，並非人力所能挽回。」

　　說到這裡，建禮門院已然泣不成聲，繼續說道：「殘存未死的人見此情景，無不嘶聲嚎叫，想那叫喚地獄也不過如此吧！之後，被武士拘執，送我進京時，來到播磨國的明石浦，矇矓睡夢之中，看見先帝和所有公卿和殿上人端坐在比皇宮還要富麗的殿堂。只因離開京都後，從未見過這樣富麗堂皇的地方。我問道：『這是哪裡？』二品夫人答道：『龍宮城。』我問：『真是個好地方，這裡再無任何困苦了吧？』她說：『《龍畜經》上說得明白，快祈求冥

左頁：《平家物語》末卷描述安德天皇的母親建禮門院度過餘生的京都寂光寺

左：四國高知縣高松「平家物語史館」之建禮門院平德子在寂光院出家的蠟像

福吧！」聽了這話，便從夢中醒來。從那以後，我便專心誦經念佛，為他們祈求冥福。所有這一切，彷彿經歷了六道世界一般。」

法皇聽後，說道：「異國的玄奘三藏在澈悟以前曾見過六道，我國的日藏上人借藏王權現之力也見過六道，妳以凡人之身也能看見六道，實在難能可貴呀！」說時，不禁落淚，隨侍的公卿和殿上人也都淚濕衣襟。此時的建禮門院早已淚眼清清，陪伴的女官們無一不淚流滿面。

《平家物語》一書結尾提及，當建禮門院聽說平維盛的嫡男，也是平家最後僅留下的子孫六代御前在千本松原被斬首處刑的消息後，對平家一門徹底根絕，感到萬分痛心；身在寂光院殘度餘生，也只能面向西方雙手合十，祈禱：「亡故聖靈，盡歸佛界淨土。」

鑑於此情此景，倍感一切因果都來自入道相國平清盛掌握一天四海，上不畏天皇，下不恤萬民；流刑死罪，隨意施行；對世對人，肆意安為。常言道：父祖作孽，報在子孫，這是毫無疑義的。患病越來越重的建禮門院，為實現永歸淨土的夙願，於建久2年（1191年）臨終前，在寂光院的寢室窗紙上，用哀痛欲絕的心情寫下：「杜鵑聲裡應含淚，浮生坎坷淚不盡。」

唉！武士治國的年代，可以不必利用心機便能將一家一族趕盡殺絕；民主時代的社會，同樣能高舉政治和司法當藉口，將對手抄家滅門。這是人心裡面最醜陋的人性吧！

寂光院地景： 京都市左京區大原的天台宗寺院。山號「清香山」，建禮門院度過餘生之地。

春帆一紙幾多愁

歷史舞台的下關，經過《平家物語》爭戰
後數百年，竟成日清戰爭議和的所在。

　　與赤間神宮緊鄰一牆之隔的「春帆
樓」，眼下為一望無際的關門海峽，湛藍的
海水日夜悠悠流逝。「春帆樓」過去的用地
原為方丈寺院，屬於阿彌陀寺擁有，後由眼
科醫生藤野玄洋買下，1862年醫院在月波
樓開業。藤野玄洋先生過世後，他的女兒美
智子不通醫術，卻獨具慧眼，把這棟樓房改
建成一家料理店，經營起「割烹旅館」，以
擅長料理含有劇毒的河豚而聲名大噪，明治
38年獲頒「河豚料理許可證第一號」。

　　春帆樓的舊樓原本有三棟，分別為月波
樓、春帆樓和風月樓。據說「春帆樓」的
名稱是由曾經到過那裡品嘗河豚料理，為之
讚不絕口的日本明治維新第一任首相伊藤博
文所命名。伊藤博文從樓上遠眺關門海峽的
景象，一如「春天の海上帆船」，碧波之上
點點漁帆令他感動不已，加上自己別號「春
畝」，一時興致大發，為此店取名「春帆
樓」。

　　春帆樓之所以名聞遐邇，除了河豚料
理，便是日清戰爭，清朝戰敗，日清議和
簽訂賠償條約的所在地，日方稱〈下關條
約〉，清朝稱〈馬關條約〉。日清議和所在
地原先考慮長崎或廣島，卻在議和前一週才

上：與赤間神宮一牆之隔的春
帆樓
下：春帆樓建築奠基紀念石刻
右頁
上：遠看春帆樓
下：春帆樓的舊樓原本有三
棟，分別為月波樓、春帆樓和
風月樓

154

上：日清議和談判，遭刺客暗殺不成的李鴻章，只得從春帆樓右方小路出入，故名「李鴻章道」

下左：舊春帆樓原是眼科醫生藤野玄洋的診所

下右：甲午戰爭後，日清議和所在地春帆樓的歷史史蹟紀念石碑

由首相伊藤博文宣布在下關市的春帆樓舉行。

馬關即下關（Shimonoseki），位於日本本州島最南端，和九州島之間相隔關門海峽。日清甲午戰爭，清朝敗仗，李鴻章一行人於1895年3月14日清晨，乘坐德國商船，船舷懸掛象徵清帝國的黃龍旗，由天津啟碇，19日晨間駛抵下關，1895年4月17日，清方代表李鴻章和日方代表伊藤博文正式在下關「春帆樓」簽訂〈馬關條約〉。

據稱，1895年3月24日下午4點15分，雙方代表剛結束第三次冗長且毫無交集的會議後，李鴻章乘轎準備返回春帆樓後方的行館「引接寺」時，突然遭到一位年二十六歲的日本激進青年小山豐太郎從人群中竄出，開槍狙擊；小山豐太郎連開兩槍，一槍打在地上，另一槍正中李鴻章左臉頰，血染官服，險些送命，李鴻章當場昏厥。一時之間，現場大亂，行人四處竄躲，行刺者趁亂穿梭人群，溜之大吉，逃到路旁一間店鋪裡。隨行醫生立即替李鴻章進行急救，所幸子彈並未擊中要害。養傷兩週後，李鴻章復原迅速，4月10日再度親赴會談，直到4月17日，雙方終於完成在春帆樓簽訂的〈馬關條約〉。除了割讓台灣外，還賠償相當於國家三年總收入的款項。簽下〈馬關條約〉後，李鴻章感慨道：「日本將成為終世之患！」

遭槍擊之後，李鴻章再也不敢走大道回行館「引接寺」，只能從春帆樓旁坑坑窪窪的小徑悄悄離開。日人便把這一條一邊鐵柵欄，一邊水泥牆，周圍雜草叢生的山路取名叫「李鴻章道」。

傳聞李鴻章在簽訂〈馬關條約〉時曾說：「台灣，鳥不語，花不香，男無情，女無義，瘴癘之地，割之可也」。然而也有相關研究及評論指出，根據可見的史料檔案，並未發現李鴻章曾發表過這段評語的記錄。或者說，李鴻章在與首相伊藤博文進行談判時，曾聲明「台灣已立一行省，不能送給他國」、「擬請所讓之地，如果勒令中國照辦，兩國子子孫孫永成仇敵，傳至無窮矣！」等。

不論李鴻章是否曾說過唾棄台灣的言詞，在春帆樓簽訂的一紙〈馬關條約〉，最終仍證明清廷的確在條約中明文將台灣永遠割讓給日本國。

155

春帆樓地景：山口縣下關市阿彌陀寺町4-2。赤間神宮旁。

日清講和割讓台灣

春帆一紙爛條約，下關二人割台灣，怎一
個嘆字可喻？

上：日清議和紀念館內廳
中：日清議和談判桌
下左：李鴻章在春帆樓後方
的行館「引接寺」
下右：日清議和日方代表伊
藤博文
右頁：簽訂「馬關條約」的
日清議和紀念館

　　1894年朝鮮發生東學黨事件，大清帝
國應朝鮮要求派兵進駐，並依照日清天津條
約，知會日本相關行動。事件平息後，日方
拒絕撤兵，後來更突襲駐守在朝鮮的清軍，
清廷被迫向日本宣戰，形成大清帝國和日本
帝國之間為爭奪朝鮮半島控制權而爆發的
一場戰爭。由於發生年代在清光緒二十年
（1894年），干支為甲午，故史稱「甲午
戰爭」。其後清軍戰敗，清廷向日本求和。

　　甲午戰爭敗仗，大清帝國承認朝鮮為獨
立國家、撤出朝鮮半島，並在〈馬關條約〉
中割掉台灣、澎湖及其附屬島嶼的主權，讓
予日本，更向日本開放多個清帝國內陸港口
城市，日本國在這項條約中又獲得二億兩白
銀的戰爭賠款，其中三千萬兩為清朝換回遼
東半島的費用。清軍在甲午戰爭中，北洋水
師覆滅，標誌著1850年代起，洋務運動技
術改革失敗，大清帝國的國際地位自此一落
千丈，再次成為列強蠶食鯨吞的對象。

　　這項攸關台灣命運轉折的〈馬關條
約〉，於光緒21年3月23日（1895年4月17
日）在日本馬關（今名下關）簽署，原名
〈馬關新約〉，日本稱為〈下關條約〉或
〈日清講和條約〉。大清帝國代表為李鴻章

及其兒子李經方，日方代表為伊藤博文和陸奧宗光。

日清講和條約：（重點版）

第一條：清國確認朝鮮國為獨立自主國家，朝鮮對清國的貢、奉
　　　　獻、典禮永遠廢止。

第二條：清國將管理下開地方之權並將該地方所有堡壘、軍器、工
　　　　廠及一切屬公物件，永遠讓與日本。

　一、下開劃界以內之奉天省南邊地方。從鴨綠江口溯該江抵安平
　　　河口，又從該河口劃至鳳凰城海城及營口而止，畫成折線以
　　　南地方；所有前開各城市邑，皆包括在劃界線內。

左：「馬關條約」的條文
右：「馬關條約」的官方用印
右頁：甲午戰爭威海衛陷落，丁汝昌獻降圖（實為北洋水師管帶薩鎮冰獻降）

　　該線抵營口之遼河後，即順流至海口止，彼此以河中心為分界。
　　遼東灣東岸及黃海北岸在奉天所屬諸島嶼，亦一併在所讓界內。
　　二、臺灣全島及所有附屬各島嶼。
　　三、澎湖列島。即英國格林尼次東經百十九度乃至百二十度及北
　　　　緯二十三度乃至二十四度之間諸島嶼。
第三條：兩國各選派官員劃定疆界，就地踏勘確定劃界。
第四條：清國支付日本賠款2億兩白銀（約3億日元）。
第五條：割讓土地的居民能自由賣掉所有不動產及遷移，條約批准
　　　　2年後該地的居民將被視為日本國民。
第六條：清國開放沙市、重慶、蘇州、杭州及認可日本最惠國待
　　　　遇。允許日本人在清國通商口岸設立領事館和工廠及輸入
　　　　各種機器。
第七條：日本在3個月以內撤回清國領土內日軍。
第八條：清國承認日軍占領山東省威海衛，如果賠款的支付不完
　　　　備，日軍不撤回。
第九條：清國對日本人俘虜，不可虐待處刑，也不可對協助日軍的
　　　　清國人士處刑。
第十條：條約批准日開始停止戰鬥。

第十一條：條約由日清兩國批准，日本明治28年5月8日，清光緒
　　　　　21年4月14日。
　　　為此，兩國全權大臣署名蓋印，以昭信守。

　　　大日本帝國全權辦理大臣　　伊藤博文（內閣總理大臣）　押印
　　　大日本帝國全權辦理大臣　　陸奧宗光（外務大臣）　　　押印
　　　大清帝國欽差頭等全權大臣　李鴻章（北洋大臣直隸總督）押印
　　　大清帝國欽差全權大臣　　　李經方（欽差大臣）　　　　押印

　　　歷史學家朱昌峻說：「在中國尚未強大到足以採取堅定立場之
時，妥協和讓步是不可避免的。事後證明，李鴻章是一個弱國的外
交大師。在可能採取堅定立場的少數情況下，他採取了堅定的立
場，在不可能的時候，便作出最小的讓步。他認為，他能夠利用西
方大國之間的競爭贏得時間，事實終於證明他錯了，但是在他所處
的年代，還有什麼別的選擇呢？」同樣道理，台灣在那個未受認知
與熟識的年代裡，被清廷當成不起眼的東西，隨意「永遠」割讓給
日本，更造成日後台灣在國際間未定位的悽慘命運。春帆一紙爛條
約，下關二人割台灣，怎一個嘆字可喻？

日清議和地景：山口縣下關市阿彌陀寺町4-2。春帆樓庭前右側。

第 6 話

嚴流島千古一役

嚴流島位於山口縣下關市關門海峽裡的無人島，舊名「船島」，占地原為1萬7千平方公尺，周圍佈滿岩礁，船隻不易靠近，後來岩礁被填起，擴增到10萬平方公尺，再經整頓成為海上公園。相傳嚴流島曾是戰國時代著名修行武者宮本武藏與佐佐木小次郎決鬥之地；小次郎自稱習得「嚴流派」劍術，喜歡悲劇美學的日本人遂以此命名該島為「嚴流島」。

巖流島文學地景

宮本武藏與佐佐木小次郎決戰地

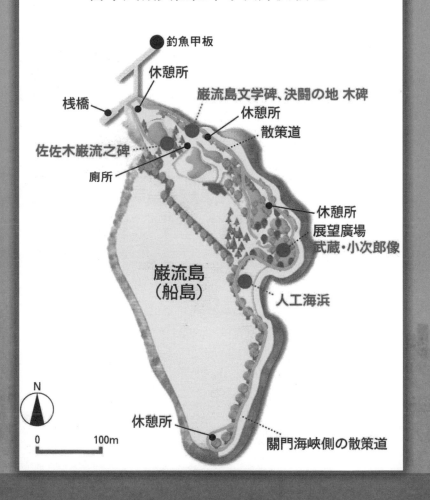

釣魚甲板

休憩所

桟橋

巖流島文学碑、決闘の地 木碑

休憩所

佐佐木巌流之碑

散策道

廁所

休憩所

巖流島
（船島）

展望廣場
武蔵・小次郎像

人工海浜

N

0　　100m

休憩所

關門海峽側の散策道

孤劍武藏放浪最終戰

紅葉將生命獻給樹幹，然後以火紅之姿散
落與消失。

從《平家物語》的閱讀心得中，不僅獲
取「盛者轉衰如滄桑。驕奢淫逸不長久，
恰如春夜夢一場；強梁霸道終覆滅，好似風
中塵土揚。」的啟示；更發現，懷抱悲劇美
學為生命元素的日本人，尤其喜歡「紅葉將
生命獻給樹幹，然後以火紅之姿散落與消
失。」的悲憫情懷。

著名的宮本武藏與佐佐木小次郎在「巖
流島」最後決戰，小次郎敗給武藏後，日本
人反而受到失敗者的情牽感動，將那一座兩
人決鬥的無人島，以小次郎最擅長的巖流派
劍術「巖流」當作島名，其巧心細緻可見一
斑。

鄰近下關赤間神宮的「宮本武藏の巖流
島出陣の地」，武藏單刀赴會，從這裡乘
船出發前往巖流島時，究竟抱持怎樣的心情
呢？

出生天正12年（1584年），歿於正保
2年（1645年）的宮本武藏，是江戶時代初
期的劍道家、兵法家、藝術家，亦為日本武
學史上最重要的劍客之一。

宮本武藏本姓藤原，習慣使用宮本、
新免為其氏；幼名弁助，名諱玄信，通稱武
藏，號二天、二天道樂。在其著作《五輪

上：宮本武藏與佐佐木小
次郎繪圖
右頁
上左：宮本武藏前往巖流
島決鬥的出陣地，位於春
帆樓附近
上右：宮本武藏與佐佐木
小次郎決鬥繪圖
下：宮本武藏與佐佐木小
次郎在巖流島決鬥繪圖
右頁：宮本武藏前往巖流
島決鬥的出陣地

162

書》中，以新免武藏守藤原玄信署名。而在熊本市龍田削弓的墓碑上便寫有新免武藏居士，其養子伊織在武藏死後九年建立「新免武藏玄信二天居士碑」，標明「播州赤松末流新免武藏玄信二天居士」。

　　武藏為創立「二天一流」劍道的始祖。在京都與兵法家吉岡一門對決，以及在巖流島與巖流派兵法家小次郎的決鬥事蹟，至今仍為許多小說、時代劇電影，乃至歷史電視劇的題材；除此之外，武藏同時也是知名的水墨畫家及工藝家，其傳世的文藝作品，如：〈鵜圖〉、〈枯木鳴鵙圖〉、〈紅梅鳩圖〉，以及〈正面達摩圖〉、〈蘆葉圖〉、〈蘆雁圖屏風〉、〈野馬圖〉等水墨畫、馬鞍、木刀、工藝作品，後來都成為日本國家指定的重要文化財產。

　　被日本人喻為一代劍聖的宮本武藏，在其著作《五輪書》中說：「武士之道意味著要精通文武二道。作為一介武士，即使不具這方面的天賦，只要不斷努力，加強自己的文化和兵法修養，仍然能成為一名合格的武士。」

　　武藏在下關乘船前往巖流島，與佐佐木小次郎決戰的出陣地，目前僅留下只可聽聞的海峽潮水拍岸聲。那最初生死一決的雄心壯志，是否曾堅定的存留在他冷靜而意志始終如一的信心裡呢？

宮本武藏出陣地地景：山口縣下關市阿彌陀寺，赤間神宮前行不遠處。

從下關港口棧道到
嚴流島

據稱，來到下關的坂本龍馬，曾與新婚妻子楢崎龍乘船到過無人居住的嚴流島。

下關市位於山口縣西邊，隔著關門海峽與九州門司港對望。海峽全長3461公尺，平安時代著名的武士集團，平家一族滅絕的古戰場，即在海峽中的「壇の浦」；壇の浦位於以急流著稱的「早鞆的瀨戶」北岸一帶，也是《平家物語》一書所敘述，八歲的安德天皇投海自盡的地方。位於壇の浦北面，以龍宮造型建築的赤間神宮，為祭祀安德天皇的神社，神宮內埋葬有安德天皇家族的「七盛塚」。

上：下關市乘船港口

鄰近赤間神宮僅一牆之隔的春帆樓和日清議和簽訂「馬關條約」所在地，都在下關市。

幕府末期，外強侵凌鎖國的日本海域，導致部分愛國志士與長州藩的不滿，決定開始攘夷。因此與英國、荷蘭、法國、美國等爆發衝突，這場戰役一樣發生在下關，日本史稱「馬關戰爭」。

話說1863年5月，開始進行攘夷大義的長州藩，封鎖馬關海峽（今關門海峽），並砲擊航行於海峽中的美法商船。不久，美法展開報復，針對馬關海峽內的長州軍艦、砲台進行攻擊。長州砲台不幸遭擊，不久，砲台修復，長州藩占據海峽對岸小倉藩的一

部分，繼續執行海峽封鎖任務。1864年7月，受到海峽封鎖，促使貿易遭受慘重損失的英國，決定策動報復長州藩。便聯合荷、美、法組成17艘艦隊。同年8月5日開始砲擊馬關（今下關市）。

遭受嚴重打擊的長州藩，立刻改變作戰政策，積極引進歐美新戰技，訓練現代化軍隊，期間並經由坂本龍馬從中斡旋，使得原為不和的長州藩，轉向跟有志一同倒幕的薩摩藩，共同組成薩長同盟，一起對外迎戰聯合艦隊。薩長結盟引起德川幕府內外震盪，不知如何應對。

著名的浪人英雄坂本龍馬這段時間頻頻奔波到下關，據稱，除了為促使薩長同盟，他還曾與新婚妻子楢崎龍乘船到過無人居住的巖流島渡蜜月。

前往巖流島，可從門司港或下關港乘船，下關港埠建造格局新穎，海天視野遼闊，近鄰的唐戶市場為一海產朝市，名聞遐邇。自港埠走棧道乘船到巖流島或門司港，別具一番境地；位於下關右下方的巖流島，船程不及十五分鐘，門司港更近，約莫十分鐘即可抵達。船行間，可見關門大橋跨越關門海峽，如彩虹橫跨橋身兩端，雨霧中或豔陽下，風光各異，十分得趣。

上：從火之山公園遠眺關門海峽和巖流島
下左：下關港棧橋上的坂本龍馬與妻子楢崎龍，蜜月到下關與巖流島的遊客攝影看板
下中：下關港棧橋上的「愛の鐘」
下右：從山頂俯瞰下關市

下關港地景：山口縣下關市，關門海峽邊。

上：下關市港口棧橋
下左：下關港附近的唐戶市場為著名的朝市
下右：唐戶市場的魚販人家

戰氣，
寒流帶月澄如鏡

學習兵法應如水一般靈活變化，觸類旁通。

上：河出書房新社出版的《宮本武藏》
下：宮本武藏著作的《五輪書》

　　宮本武藏在個人的著作《五輪書》中自述，13歲時初次決鬥，戰勝了「新當流」的有馬喜兵衛，16歲時又擊敗但馬國剛強的兵法家秋山，21歲赴京都，與來自各國的兵法家交手，從13歲到29歲，決鬥60餘次，從未失手過。

　　武藏的決鬥事蹟中，最廣為人知的莫過於「巖流島決鬥」。也就是慶長年間，在長門國（今本州山口縣下關市）的船島，與巖流派的兵法家佐佐木小次郎對決一事。

　　被認為是修行武者的武藏，所戰皆捷的祕訣在於他心中對於五輪心術的認知，這一本被列為既是劍法，也為兵法的著作，成書於寬永20年（1643年）。

　　武藏將《五輪書》的書名與架構根基於佛教密宗的五輪概念，為了更能說明和解釋兵法與劍術的原則，他把全書細分為「地、水、火、風、空」五卷分別細述。

　　地之卷：為本書大綱與導讀解說，武藏在本卷中解釋「二天一流」的兵法意涵。他說：「此卷就如在蒼茫大地上勾勒清晰的路徑。」

　　水之卷：詳細記載「二天一流」的心法、持大刀的方法、姿勢與架式，以及使用刀法

上左：修行者宮本武藏坐像（熊本縣立美術館藏）
上中：宮本武藏的書法「戰氣」上書：「寒流帶月澄如鏡」
上右：宮本武藏親手雕刻的不動明王像
下　：用花草植物編織的巖流島決戰人像
右頁：宮本武藏出戰「關原合戰」的屏風繪圖（關原歷史民俗資料館藏）

的技巧。他說：「學習兵法應如水一般靈活變化，觸類旁通。」

火之卷：他說：「不論是個人對個人，還是兩軍之間交鋒，作戰的本質都是一樣，既不能遺漏細節，也要對戰局有整體了解。」武藏用火比喻戰鬥，探討作戰的策略與戰術技巧。

風之卷：指「風格」、「傳統」。武藏在本卷中雖未指名各家流派，但卻詳細評述當時日本各地流派劍法的思維窠臼與弊病。他說：「深入了解其他流派，才能更清楚『二天一流』兵法的真義。」

空之卷：本卷說明兵法的真諦為「空」。「空」指喻「變化」；在這個境界中，任何事物都不會永久存續，也不可得知。若以澄明的心和不懈的精神，用「觀」、「見」兩眼觀察運行中的天地之理，並看破世間與自身的執迷與偏頗之見。此時，方能得到兵法真正的「空明」境界——有智慧、有理、有道、心中卻空無一物的「禪定」。

用心寫完《五輪書》後，1654年春天，原本罹患胸腔癌症的武藏，病情更加惡化，四月移居岩戶山的靈巖洞靜候大限降臨。五月初病情急轉直下。他生前最後一件被世人認為了不起的事蹟，便是寫下《獨行道》，留給後人二十一條自律守則。同年5月19日於住所過世，享年62歲，隨即由武藏修習禪學的師父春山和尚為他做超渡法事。據傳，禪師頌經時，倏忽間烏雲密佈，雷電交加，彷彿天地也為這位修行武者的殞落而悲痛。

靈巖洞地景：宮本武藏晚年生活、寫作、衣冠塚所在地。位九州熊本市金峰山，山有五百羅漢像。

立下生死狀的
決鬥之島

巖流島的對決恐怕是人類決鬥史上最傳奇
的一章。

上：巖流島景點指示牌
下：俯瞰巖流島全景

右頁：巖流島上留下宮本武藏
乘坐的小木舟

　　巖流島位於山口縣下關市關門海峽下
方，為一塊浮出水面的無人空曠小島，屬於
「下關市大字彥島字船島」。相傳這一座小
島，曾經是修行武者宮本武藏與佐佐木小次
郎決鬥的所在。對決者小次郎曾與中條流的
鍾卷自齋學習武術，並獨自創立「巖流」
（或叫岸流）派，以及著名的劍技「還燕
（燕返し）」，為了到細川家仕官，受命與
宮本武藏在巖流島決鬥。這一場決鬥中，小

次郎被宮本武藏以備用的木槳削成木劍，做為兵器，擊中腦門，當場頭破命喪。日人遂於島上建立佐佐木巖流之碑，供遊客賞景兼憑弔懷古。

　　據稱，1612年時，宮本武藏前往九州小倉探望父親的昔日家臣，卻收到巖流派的佐佐木小次郎邀約比武。這場成為日後日本武學史上著名的對決，即選定在隸屬於小倉外海的船島舉行。

　　小次郎在決鬥時使用的愛刀「備前長船長光」長達三尺三寸，他的絕技「燕返し」，更是能夠將長刀之利發揮到淋漓盡致的招式。即使有這種功力和能耐的小次郎，連「燕返し」都還沒使出，就敗在武藏的木劍下。跟武藏決鬥的小次郎，無法發揮長刀的優勢，在於武藏決鬥之前，特意製作了一把木劍，木劍長度四尺二寸，比小次郎的「長光」整整長了一尺。

　　雖然小次郎在這一場戰役中敗北，卻相對成為日本人心目中的悲劇英雄，與《平家物語》中被親兄長源賴朝追殺而亡的源義經一樣，博得眾人的憐惜之心，因此，喜愛悲劇美學的日本人便以小次郎所屬的「巖流派」之名，將「船島」更名為「巖流島」，做為紀念在決戰中敗亡的佐佐木小次郎不畏死亡的戰鬥意志。

巖流島的周圍原本佈滿巖礁，十分危險，使得船隻不易靠近。後來，隨著來往船隻日益增加，為了避免船隻發生碰撞暗礁的意外，巖礁一帶即被填高起來，成為今日所見巖流島的一部分，也使原本只有1萬7千平方公尺的巖流島擴增到10萬平方公尺，總計大了六倍之多，2003年，地方政府將巖流島開闢整頓為公園，成為山口縣著名的景點之一。

　　無人居住的巖流島，公園內設置有棧道、巖流島文學碑、佐佐木巖流之碑、散策道、宮本武藏與佐佐木小次郎決鬥的巨型雕像，視野寬闊、景色宜人，每日均有固定班次的汽船，往返行駛於下關、門司港和巖流島之間。

左上：巖流島文學碑　　　　　　　右上：巖流島文學碑上的決鬥繪圖
左下：巖流島上的舟島神社　　　　右下：巖流島文學碑上的決鬥刻字

巖流島地景：關門海峽下方，可從下關港埠或門司港乘汽船前往。

武藏與小次郎的
千古一役

巖流島之役，勝者武藏，敗者小次郎，正
是「一切即劍」打敗「劍即一切」。

日本作家小山勝清在《巖流島後的宮本
武藏》一書中寫到：「有一天，宮本武藏
接到天皇禁衛軍總教頭佐佐木小次郎的挑戰
書，邀約他一個月後在巖流島決戰。武藏深
知小次郎的劍術高深，已入化境，根本沒有
把握可以戰勝，但為了維護名聲與尊嚴，還
是答應小次郎的挑戰。

自此之後，小次郎每天勤練劍術，決心
打贏武藏；反之，武藏卻毫無信心，無心練
劍，只是到處閒逛。某天，武藏在街上看到
一群人圍看『鬥雞』，便好奇的跟著群眾上
前湊熱鬧，正看得起勁，突然感覺有人拉他
衣服，武藏原本不予理會，可這人卻不肯放
手，武藏牛氣地回頭一看，原來是一位熟識
的修行者，那人對武藏微微一笑，順手塞給
武藏一幅畫軸，轉身就離開了，武藏當時沒
有興致打開畫軸來看，便隨手收起畫軸，繼
續觀看鬥雞。

日子就這樣一天天過去，終於到了決戰
前夕，武藏正準備第二天赴約一戰，無意間
看到修行的友人送給他的那一幅畫軸，不知
裡面畫些什麼？於是趕緊將畫軸打開，只見
畫面左下角兩隻鬥雞正鬥得不可開交，圍觀
的群眾還一邊吶喊助陣，除此之外，其餘畫

上：武藏認為，船櫓是劍、時間
是劍、光影也是劍

下：武藏與小次郎決鬥巖流島的
傳說碑文

175

面全留白，只剩右上角一雙眼睛看著這群人和鬥雞。武藏看後心頭為之一震，想起那天，自己不正和畫中觀看鬥雞的人群一樣嗎？怎麼在更高的地方還畫有一雙眼睛看著自己呢？心底忽然澈悟，對於第二天的決戰充滿信心。

　　隔天，巖流島擠滿了圍觀這場歷史大決鬥的群眾。武藏與小次郎兩人劍已出鞘、相對而立，一動也不動的都在等待對方出招，這即所謂『高手過招，輸贏只在一剎那。』雙方嚴守自己的門戶，不輕易露出可能如何出招的蛛絲馬跡。小次郎為了贏得這場決戰，每天除了勤練劍術之外，更勤習打坐培養定力。兩人對峙半晌，武藏乾脆閉上雙眼；這時，小次郎感到迷惑，到底對方是有必勝的把握，還是根本就不想活命？

　　小次郎的定力此時受到嚴重考驗，他決定先發制人，謹慎小心地移動腳步，發現武藏仍然不為所動，於是再移動半步，武藏還是

左頁：高手過招，輸贏只在
一剎那

上：佐佐木巖流之碑
下：佐佐木巖流之碑的石雕

不動，就這樣一小步一小步，小次郎竟然已經站到武藏背後，從表面看來，武藏的背後門戶大開，完全無任何防衛能力。此時的小次郎竟生起輕敵的驕矜之心，使出致命一招，正當所有的群眾都看到小次郎的劍已經切到武藏的後頸之際，武藏突然身也不回地將木劍柄後的護手，輕點在小次郎的劍刃上，就在電光石火之際，情勢逆轉，小次郎的劍竟然不是砍在武藏的脖子上，反是彈回自己的脖子，當下勝負立判。」

刀劍本是凶器、殺人之物，處亂世時卻是活命之物、救人之器；死生之別的決戰，往往在刀劍一擊。巖流島決鬥，事前可是讓武藏費盡心思，他用木櫓削成長木劍、故意遲到，乃至占據背光的有利位置，就是要激起小次郎誤入心浮氣燥的亂象之中，這種戰術終至使小次郎成為早夭的悲劇英雄，也使武藏被看成是個耍詐的江湖中人，巖流島反倒變成光明磊落的劍客的悲慘墳場。

劍法的比試是否只及於劍術？武藏認為，船櫓是劍、時間是劍、光影也是劍。由是，中年之後有人問武藏，與人決鬥是否必須搶到背光位置，武藏的回答卻是：仍可以有「斬陰」之劍。任何時空都要使劍發揮最大能量，只有體會及此，劍的真義才能顯現。

可以這樣說，巖流島之役，勝者武藏，敗者小次郎，正是「一切即劍」打敗「劍即一切」。

巖流島地景：關門海峽下方，可從下關港埠或門司港乘汽船前往。

第 7 話

博多夜船山笠祭

日本福岡的博多港位於九州北部，是日本歷
史最悠久的天然良港之一，中國隋唐時代，
遣隋使、遣唐使、遣新羅使等都以博多為出
航地。十一世紀的鎌倉時代，更成為日本與
宋人貿易的據點，江戶幕府施行鎖國政策之
後，其地位才被長崎替代。繁榮的博多，豚
骨拉麵是日本三大拉麵之一。

博多文學地景

JR博多駅～繁華街・天神の間が福岡市の中心部で、商業施設数も多く、活気にあふれています。地下鉄で博多～天神間は5分で結ばれ、福岡都心100円バスも利用できるので移動も便利です。

国際会議や見本市コンサートが開かれるコンベンションエリア

大名・今泉・薬院エリアにはオシャレなブティックやカフェや個性的な飲食店が多い

■福岡都心100円バス
博多駅・蔵本・天神・薬院駅前を結ぶ福岡都心エリア内はどのバスを利用しても運賃は100円

福岡都心100円循環バス

都心の主要エリア(天神・キャナルシティ・博多駅)を結ぶ循環バスで内回りと外回りがある。地図についている番号①～⑱はバス停の番号なので、行く先を確認していこう!

中央区

博多区

0   500m

若天亮將無風起浪

越過了松原，你又來看我？可看見往來博多的夜船燈火。

上：博多港位於日本西部，九州的北部，是日本最長的天然良港之一

下左：博多港一角
下右：博多那珂河

古名叫「鎮西」的九州，位居日本西邊，離京都遙遠，可在《平家物語》一書中卻占有重要位置。壇の浦海戰，平家軍被源氏擊退到關門海峽，本想前往九州太宰府建都，並在那裡建造皇宮，因為傳聞緒方維義蓄謀造反，使得平家心中不安。書云：「這期間，四國九州的軍兵，全都背離平家，歸順了源氏。從前依附門下的人，如今對主公弓矢相向，拔刀相對。想駛船靠近對岸，但波高浪大，欲近不能；想駛往另一灘頭，又有敵軍埋伏，彎弓以待。源平逐鹿，眼看就成定局了。」

平家將一千餘艘兵船分作三路，山賀的兵藤次秀遠以五百餘艘為第一路率先駛出，隨後是松浦族人以三百艘為第二路，平家的公子們則以二百餘艘殿後，是為第三路。兵藤次秀遠所率軍兵在九州稱得上能弓善射，雖然比不上秀遠本人的箭法，卻搆得上是像樣的射手。

表面上看來，九州似乎未被捲入源平之戰，卻反而成為平家軍和源軍欲求避戰之所，書云：「壽永2年（1183年）木曾義仲與源賴朝反目。十月，義仲攻入京城。平氏奉幼帝逃奔九州，不久，被地方豪強逐出，

後北上。」

　　就連源軍判官遭源賴朝私下監視舉動，源義經也曾打算遁逃九州，書云：「且說有個名叫足立新三郎的雜役。鎌倉公源賴朝曾對判官說：『這人雖是雜役，卻特別聰敏，留給你使喚。』就這樣送給判官。其實賴朝暗中吩咐此人：『秘密監視九郎行動，隨時向我報告。』如今他看到土佐坊被殺，便晝夜兼程馳往鎌倉，報告給源賴朝。賴朝下令，以舍弟三河守范賴擔任主攻。范賴雖然一再推托，但賴朝堅決不許，迫不得已，換上甲冑，前來拜辭。賴朝說道：『你可不要學義經的樣呀！』范賴聽了這話十分驚恐，立即卸下甲冑，停止進京。為了表明自己並無不忠，每天寫十張書狀。白天書寫，夜裡便在庭院一遍又一遍的念。這樣連續一百天寫了一千張，到底無濟於事，最後還是被殺。之後，源賴朝下令以北條四郎時政為大將，進京誅討義經。判官聞訊，想向九州逃遁，緒方三郎維義勸諫道：『當初平家欲進九州，未被接納，那裡的人都有足以排外的實力。』判官說：『我正想借助他們呢！』『那麼，您帳下的菊池二郎高直是他們的宿敵，請交給我，殺了他才好相求。』於是判官毫不猶豫地交出高直，拉到六條河原斬了首級。從此，緒方維義很受判官賞識。」

　　從門司港到九州博多很近，搭JR火車約莫15分鐘，博多區位於九州福岡東部，在歷史上，博多是一個重要港口，7、8世紀時即是與九州和中國相通的門戶，是遣隋使、遣唐使、遣新羅使等的出航地。新羅時代後期曾受海盜侵擾，11世紀鎌倉時代則為與宋人貿易的據點，14、15世紀的室町時代更成為日明和日清的貿易站。江戶幕府實行鎖國令後，其地位才逐漸被長崎替代。

　　博多雖為舊港，卻充滿懷古的濃濃幽情，港埠、老街、夜間小攤販，不禁使人憶起一首從昭和11年傳唱至今，高橋掬太郎作詞、大村能章作曲的演歌〈博多夜船〉，憂傷的曲調直搗旅人心坎。歌詞云：「越過了松原，你又來看我？可看見往來博多的夜船燈火，可看見夜船燈火。讓愛的夜船，趁黑夜回去吧！若天亮將無風起浪，流言四起、耳語四散！在玄海那裡，浪頭一定很大吧！我不想讓你回去，你是難以割捨的那艘船！那艘船！」令人懷念不已。

左上：博多那珂河流經市區
左下左：博多不夜城「中洲購物中心」
左下右：博多近郊姪浜車站街景

右上：立於中洲博多港流域的魚市場石燈塔
右下：博多 OUTLET 購物中心的建築

博多地景：位於九州福岡市東邊，「中洲不夜城」為最大購物區。

穿著水法被的
博多男兒

由25名穿著丁字褲的壯男，一肩扛起重達1噸左右的山笠花車，在市區街道狂奔。

唐朝時期的日本博多港，曾和大唐明州港、新羅莞島清海鎮港，並列為東亞貿易圈中的三大國際大埠。博多港位於日本西部，九州的北部，是日本最長的天然良港之一，也是連接九州地區與世界各地的國際貿易樞紐。

擁有新舊建設的博多港，海中道為著名的渡假點，隔著博多灣和玄界灘細長延伸，外海側為怒濤洗刷岸邊的沙丘地帶，內海側可眺望能古島和系島半島。購物中心「中洲不夜城」位於東西寬250公尺，南北長1.5公里的中洲一帶，密密麻麻擠滿兩千多家餐飲店，是西日本最大的歡樂街，入夜後，倒映在那珂川河面的霓虹燈美不勝收。

博多以每年7月1日到15日所舉行的夏季「博多祇園山笠祭」最富盛名。這個被列為日本三大祇園祭之一的祭典，分為靜態和動態兩大部分。靜態的「飾山笠」是由博多人偶師傅，以彩色浮世繪版畫描述的歷史或人物，用立體的精湛工藝方式呈現出「山笠花車」，如：「決鬥巖流島」、「劉邦與項羽」、「櫻桃小丸子」、「桃太郎」、「坂本龍馬」、「鄭成功」等，分別置於百貨店門口或主要商店街展示。

上：置放在福岡空港出口處的博多祇園山笠祭的「飾山笠」
下左：置放在商店街的博多祇園山笠祭的「飾山笠」
下右：置放在商店街的博多祇園山笠祭的「飾山笠」
右：穿著各流派的水法被的男性，以推拉台車在街道上奔走的「舁山笠」

184

185

　　動態的「舁山笠」則是由七個流派，分別穿著各流派的水法被的男性，以推拉台車在街道上奔走「追山笠」的方式呈現。所謂「水法被」，簡單的說，就是「丁字褲」；也即是由25名穿著丁字褲的壯男，一肩扛起重達1噸左右，完全不用任何一根釘子組裝成的山笠花車，在市區街道狂奔，約莫5公里的路程要在30分鐘內跑完，過程相當瘋狂、刺激，充分展現博多男兒的力與美。姿態雄偉壯觀的「追山笠」，看來挺有意思的。

　　「博多祇園山笠祭」起源於鎌倉時代的1241年。當時，博多地區流行病到處蔓延，造成重大病害，承天寺的開山祖師搭建祭壇，祈求上蒼驅散病魔，習俗沿襲至今，形成今日華麗且盛大的山笠祭。這個聞名遐邇的主要祭典活動在櫛田神社舉行，神社內供奉有博多地區總守護神，以及常年展出的「山笠花車」，是當地人的信仰中心。

　　據稱節日期間，當地人習慣禁吃「黃瓜」，因為黃瓜的切斷面與櫛田神社祭奉的「祇園神」標誌相似的緣故。

置放博多祇園山笠祭「飾山笠」的商店街

博多祇園山笠祭地景：主要活動地點在福岡市博多區上川端町、櫛田神社。

西日本第一歡樂街

「博多拉麵」當屬一蘭拉麵、一風堂拉麵和博多拉麵的發跡元祖長濱屋台拉麵。

上：一人一座位的一蘭拉麵
下：一蘭拉麵

187

現在的福岡市，是由兩座城市結合而成，一為福岡，另一為博多，兩座城市之間以那珂河為界，福岡城以官員宅第及御用商家為主，博多城則以一般庶民商人居多。明治22年（1890年），日本政府決定將兩個城市合併。

這個決定讓當地居民感到困窘不已，到底市名要叫「福岡」或「博多」，兩邊住民僵持不下，為求雙方平衡，日本政府採取共治分號的方式，決定城市用「福岡」為名，國鐵車站則用「博多」為名，其中尚包括不少銀行或公司行號以「福岡」命名，但有關土產、節慶或祭典等活動，都冠以「博多」之名。

著名的〈博多夜船〉這首古老的演歌，詠唱的港邊景色，喻指現在的福岡市中洲，那珂川與博多川之間沙洲形成的街道，這個過去被叫做「博多」的熱鬧地帶，百年來即充斥不少酒吧、居酒屋、拉麵店與各式俱樂部，每當夜晚來臨時刻，街道兩旁的霓虹燈招牌閃爍不停，酒吧和居酒屋笙歌不斷，輝映著那珂川與博多川兩旁一片繁華景象，古來流傳的「西日本第一歡樂街」即指中洲。

許多人對博多的印象，大抵仍停留在聞

上：一風堂拉麵店門口
下：一風堂拉麵

名遠近的「博多拉麵」，其中，台灣遊客最熟悉者，當屬一蘭拉麵、一風堂拉麵和博多拉麵發跡元祖的長濱屋台（攤販）拉麵。

一蘭拉麵的特色，在於進店前必須先在店門口買妥食券，然後，進入利用隔離板圍起的獨立座位，在一份註明拉麵味道濃淡、叉燒是否需要、蔥是否需要、辣椒份量多寡的圈選單上，依照個人喜好的口味圈選；每個面向料理台的座位上面掛有一片竹簾，簾子拉開，表示人還沒有入座或是餐點還沒送到，簾子拉下來，代表餐點已經送來，客人可以不必跟店員面面相覷，大可盡情自在享用獨家「秘傳調味汁」調製的一蘭拉麵。

同樣受到重視的一風堂拉麵，1985年創店，全國至少有43家以上的分店，經營者是曾在日本電視冠軍節目中，以創意料理連續三次拿下冠軍的河原成美，一風堂堅持只販售白丸辛味、赤丸辛味（辣）兩種拉麵，採用的都是獨家口感特別溫潤的豚骨高湯，吃起來感覺特別溫暖。

再者，博多拉麵的元祖，長濱屋台拉麵的特色，在於黃橙橙的麵條中加上紅薑和芝麻，以及翠綠的青蔥，煞是美食好料；尤其豚骨湯頭不致油膩，味道樸實無華，果真能在慢嚼細品中感受到麵食真正的美味，酸酸甜甜，稱得上人間美味的讚譽。

或者，就在某個月明星稀、街燈搖曳的夏日夜晚，穿越博多橋，沿著那珂川，走進攤販林立的河邊，一碗拉麵、一盤天婦羅、一碗黑輪、一串燒烤，享受燦爛博多的一番繁榮景致。

上：素有「西日本第一歡樂街」之稱的中洲小吃街
中：博多市區夜間的拉麵小吃攤
下：博多居酒屋的酒類
右：夜晚的博多居酒屋

西日本第一歡樂街地景：福岡市博多區中洲。

第 8 話

長崎港，龍馬傳

坂本龍馬是日本幕府末期推動維新革命的重
要人物，他既是日本大政奉還的策劃者，也
是實際的推手，經過他的策動，日本結束長
達八百年的幕府時代，走上返政還朝的明治
維新之路，他短暫的一生充滿傳奇；就在長
崎，他建立了日本第一個貿易株式會社「龜
山社中」，並參與長州的海軍和幕府軍隊戰
鬥；最後卻在京都遭暗殺，以悲劇英雄收
場。

長崎市 文學地景

坂本龍馬文學地景

① 長崎市亀山社中記念館
日本初の商社とされる亀山社中跡と記念館として復元されている。

② 坂本龍馬之像（風頭公園）
風頭公園に立つ高さ3メートルの堂々たる龍馬像。

③ 龍馬の銅靴像
龍馬が今も旅に足が向けられる。記念撮影スポット。

④ 亀山社中資料展示場
龍馬や亀山社中にまつわる様々な資料が展示されている。

⑤ 若宮稲荷神社
坂本龍馬をはじめとする志士たちが参拝に訪れた。

⑥ 亀山焼窯跡
龍馬も使用していたゆかり深い亀山焼の窯跡地。

⑦ 司馬遼太郎の龍馬文學碑
作家 司馬遼太郎の直筆を刻んだ『竜馬がゆく』の一節を刻した文学碑。

⑧ 上野家墓地（上野彦馬の墓）
龍馬などその墓のある幕末に上野彦馬の写真墓地。

⑨ 上野撮影局跡
日本初の商業写真である上野が開設した記念撮影地。

⑩ 玉川亭跡
慶応3年（1867）、龍馬と桂が共に宿泊した場所。

⑪ 長崎歴史文化博物館
長崎奉行所が復元し出所長崎。関係など。

⑫ 福済寺
薩摩藩とともに龍馬が初めて長崎を訪れた際に宿とした。

⑬ 聖福寺
「いろは丸事件」解決の会談が行われた場所に。

⑭ 長崎まちなか龍馬館
アーケードに楽しくあるので気い物途中でも寄りやすい。

⑮ 史跡料亭「花月」
龍馬たちが足繁く通った長崎屈指の名料亭。

⑯ 丸山公園
等身大龍馬像がある。

⑰ 土佐商会跡
岩崎弥太郎が主宰に就任した土佐商会の長崎出張所。

⑱ 大浦慶居宅跡
龍馬が有長崎婦士達を経済的に支援した文豪・大浦慶の旧宅。

⑲ 清風亭跡
龍馬と海援隊ご郎が会談、大政奉還へと一つながったといわれる。

⑳ 上野彦馬・坂本龍馬の碑
上野彦馬生誕100年を記念して建立された。中島川沿い。

㉑ 小曽根邸跡
海援隊を支援した長崎の薩商・小曽根家の邸地。

㉒ 哥拉巴公園
龍馬の夢をふくらませた外国人居留地。

㉓ 本蓮寺
幕末緒士山沢が付属之志が納めた志龍所の守。

㉔ 近藤長次郎の墓
亀山社中の暴進退により切腹させられた近藤長次郎の墓。

長崎蝴蝶夫人
蝶々さん

今天在夢中看到你，花的浪漫史，長崎、
長崎、長崎、戀之都。

　　從廣島、宮島、下關、門司、博多，再
搭乘高速巴士來到長崎，心中只有一個想
親睹幕府末代的悲劇英雄，坂本龍馬在長崎
為日本維新的奮戰命運，所有進行過的活動
意念；一方面卻又感到徬徨不已。《平家物
語》的平知盛和源義經是悲劇英雄，佐佐木
小次郎也是悲劇英雄，不管那一種，我是多
麼期待能從閱讀歷史和閱讀這些人曾經行走
過的路，思索悲劇英雄的悲劇美學，到底如
何個美法？

　　歷史始終緘默的存在於歷史之中，這就
好像把一個人長期禁錮在囚牢一般，任隨
他人去想像和猜測；而我，一路走進《平家
物語》的歷史小說裡，不覺感到所謂的悲劇
英雄的下場竟是如此慘烈，繼而，帶著心虛
膽怯的心情看待這些歷史人物，幾乎都是為
了能活在極度尊嚴的生命中生存著；這樣說
來，正因為徬徨迷惘，才能使我的文學旅行
因為發現新事物的辯證，而燃起一絲光亮。

　　也許，我根本無法也無能從這些大人物
的身上看清楚悲劇英雄的本質為何？歷史卻
告訴人們：越是勇於面對死亡，便能愈加感
受到活著的快樂和幸福了。源義經如是，佐
佐木小次郎如是，曾經活動在長崎的坂本龍

上：長崎港大波止
下左：停靠在長崎港大波
止的唐船
下右：長崎港大波止岸邊
的海鮮餐廳

馬何嘗不也如是！

　　長崎港，位於長崎縣長崎市，曾因港的形式而被稱做「仙鶴港」。從1633年起，江戶幕府頒布第一次鎖國令開始，直到1854年美國海軍軍官培里率艦叩關為止，長崎港一直是全日本唯一對外開放的國際貿易港，繁榮一時。

　　明治維新以後，長崎港更成為日本對中國、朝鮮的貿易及旅客往返的主要航站。現在，則成為旅遊長崎的門戶，以及與鄰近多個離島之間的交通要地。

　　來到長崎的原意，僅只是單純的為尋找坂本龍馬出沒長崎的足跡，根本未曾想

到過一般人刻板印象中的「長崎蝴蝶夫人」，但那一首由米山正夫作詞和作曲，美空雲雀演唱，充滿悲戀物語的歌謠〈長崎の蝶々さん〉，卻像長崎港邊那一座座巨大的工程起重機，不時蟠踞在那兒。行至遠處，索性跟著美空雲雀的歌聲，走進無法從印象中拂開或抽離的蝴蝶夫人悲情的故事。

蝴蝶夫人（蝶々さん）曾是日本當紅的藝妓，因愛上不被當時社會容許的美國軍官平克頓，後來又不顧一切和父母斷絕往來，嫁給平克頓。

蝴蝶夫人原來是一位天真、純情、活潑的日本姑娘，為了愛情而背棄宗教信仰，嫁給了美國海軍上尉平克頓。婚後不久，平克頓返回美國，三年間杳無音信，蝴蝶夫人仍執著深信平克頓有朝一日一定會回來。然而，太平洋另一頭的平克頓，回國後卻另結新歡。有一天，當他偕同美國妻子再度回到日本時，悲劇終於發生了。蝴蝶夫人不但同意交出兩人所生的孩子，終至刎劍自盡。

唉，如歌所云：「鐘聲一再響著，戀之都，廣大的公館，只有一尊情郎留下的美國娃娃，那藍色的眼睛，令人懷念，蝴蝶夫人、蝴蝶夫人，長長的睫毛，出神地心神迷亂，今天在夢中看到你，花的浪漫史，長崎、長崎、長崎、戀之都。」

蝴蝶夫人的故居現在被叫做哥拉巴公園，又名長崎明治村，景色優雅，內有日本著名歌劇演員三浦環的紀念像。多年來，她巡迴世界各地演唱蝴蝶夫人，儼然成為蝴蝶夫人的代言人。

左：長崎為國際港，可見清人與武士一起遊街的畫面
右頁
上：哥拉巴公園裡的蝴蝶夫人故居
下左：哥拉巴公園裡的蝴蝶夫人故居
下右：日本著名歌劇演員三浦環的紀念雕像，她巡迴世界各地 30 餘年，演唱蝴蝶夫人，儼然成為蝴蝶夫人的代言人

長崎哥拉巴公園地景：長崎市南山手町8-1，大浦天主堂站，約三分鐘路程，內有蝴蝶夫人紀念館。

三浦環の像

拜啟，龍馬樣

坂本龍馬說：不管世間人如何看我，怎麼
說我，我只要說自己想說的話，做自己想
做的事。

　　這一年初夏來到長崎，不論街道、商
店、百貨公司、車站，甚至電車裡，到處張
貼NHK電視台正在播映的大河劇〈龍馬傳〉
的宣傳海報，以及相關於坂本龍馬這個神奇
人物的各項展覽。

　　未曾看過一個城市會如此全面性的把幕
府末期的浪人英雄，用無限景仰的方式呈
現，這種看來不合常理的現象，正是日本人
對於被崇敬的「民族英雄」所能表達的欽慕
模式，不管能不能接受，肯不肯接受，走在
長崎任何一個地方，都能目睹到坂本龍馬的
身影，卻是無可避免的事實。

　　1835年出生於四國高知縣的坂本龍
馬，原為商戶人家，後來卻成為日本幕府末
期推動維新革命，一個具劃時代意義的英雄
人物，他既是日本大政奉還的策劃者，也是
實際操作手，透過他的策劃和推進，日本終
於結束德川家族長達八百餘年的幕府時代，
走上還政於朝，以明治維新推動國家振興的
道路。

　　他短暫的一生充滿許多傳奇，不但建立
日本第一個以貿易為宗旨的株式會社「龜
山社中」，並於結婚時，帶領妻子楢崎龍開
啟日本「渡蜜月」的先河，當別人還在耍弄

上：喜歡寫信的坂本龍馬，
與三姊和朋友之間常有書信
往來

右頁：四國高知縣的坂本龍
馬雕像（中），左：澤村惣
之丞，右：那須俊平

196

日本武士刀的時候，他手裡拿的卻是手槍；當別人手裡拿著槍打仗時，他卻從懷裡掏出《萬國公法》。

　　傳聞，龍馬出世之前，他的母親曾夢見一條口裡吐著紅色火焰，還一邊跳躍著的龍，直撲進入她的胎體中，隨後生下他時，發現他的頭後項長有一排如馬一般的鬃毛，父親阪本八平直足便將他取名「龍馬」。

　　小時的龍馬絕頂聰明，凡事觸一通百，但不愛讀書，姊姊乙女只好教他一些強壯身體的技能，如學習劍道，游泳等。及長，1853年遊學江戶，後又赴京城拜師學習劍術；同年，美國海軍准將馬休·培里率黑船艦隊強行駛入江戶灣浦賀，意圖強行打開日本門戶，使得原本鎖國的日本沉浸在不知如何應付外來勢力的困境，坂本龍

馬遂於1861年聯合武市半平，連同其他192人歃血盟誓，在高知縣結成土佐勤王黨，打著尊王攘夷的旗號，意謀反抗外國勢力，後來因意見不合，坂本龍馬選擇脫藩出走。

脫藩後的坂本龍馬，雖然胸懷大志，深感學習西洋文明的重要性，也只能奔波在迷惘無依的世界裡，遊走大阪，在大阪的住吉，由道場老師千葉重太郎引薦，見到了以擁有開明思想而聞名的勝海舟，勝海舟曾留學美國學習海軍軍事，為江戶幕府海軍負責人。一場重要的會面場合，坂本龍馬，被對方一席救國宏論懾服，隨之，拜勝海舟為師，開始他的政治生涯，當時，坂本龍馬年僅28歲。

日本文獻記載，「龜山社中」可說是日本最早的貿易公司，這間以坂本龍馬為中心設立的貿易會社，位於長崎風頭山（舊名龜山）。長崎雖然不是龍馬的出生地，可他生前一連串開創日本貿易新知的活動，幾全落腳在這個幕末鎖國時期，唯一對外開放的國際貿易港。

個性灑脫、隨興、重義氣的坂本龍馬，曾說：「世の人は、我を何とも言わば言え。我が成す事は我のみぞ知る。」，中文譯為：「不管世間人如何看我，怎麼說我，我只要說自己想說的話，做自己想做的事。」他就是這樣的一個人。

上：小時的坂本龍馬絕頂聰明，凡事觸一通百，但不愛讀書又膽小
下：坂本龍馬手稿（京都博物館藏）

長崎地景：九州極西邊的港埠城市，從博多車站到長崎車站約需 1小時54分車程。

風頭公園の
龍馬與彥馬

坂本龍馬銅雕像，抱著胳膊，一副威風凜凜凝視長崎港灣的模樣。

　　位於日本四島最西端、九州西北部，與朝鮮半島和中國的地理位置特別接近，距中國上海860公里，對馬島距韓國釜山僅53公里，是日本和亞洲各國貿易交流站的長崎港，古代是肥前國一個貧窮的海邊小港。中世紀的松浦地方、五島列島和對馬為倭寇的一大根據地，1550年葡萄牙船第一次登上平戶島，天主教也隨之傳來。

　　1570年由大村純忠開港的長崎港，日後成為與葡萄牙進行貿易的港口，因此大量西洋文化傳入長崎。其後，荷蘭與明朝商人也來到長崎進行貿易交流。1641年以後，日本鎖國自封，只允許長崎跟荷蘭和清朝通商，這種情況一直持續兩百多年。近代長崎的造船業繁榮昌盛，美國海軍基地位於佐世保港。

　　從長崎市區搭乘環市公車，來到位於距離市中心東方約三公里處的風頭公園，只為一睹矗立在風頭山頂，坂本龍馬面向長崎港的巨型銅雕像，以及日本攝影先驅，職業寫真家上野彥馬的墓園、唐朝通事林官梅家族的墓地，甚至坐落在山腰間，坂本龍馬首創的「龜山社中」。

上：日本首位人物攝影師上野彥馬的墓地就在風頭山公園內
中：上野彥馬墓地參道
下：上野彥馬墓地

　　風頭公園擁有諸多關於坂本龍馬當年出

200

上：長崎風頭山的風頭公園，風頭山舊名龜山

上：風頭公園山頂的坂本龍馬雕像與土佐海援隊旗
下：風頭公園長滿各色繡球花

龜山社中紀念館文學地景

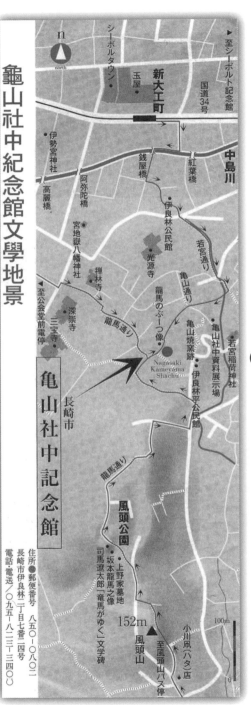

亀山社中記念館

住所●郵便番号 八五〇―〇八〇二
長崎市伊良林二丁目七番二四号
電話・電送／〇九五・八二三・三四〇〇

從風頭山頂，可俯瞰長崎港

沒的風景地，風頭山原名龜山，標高151.9公尺，從公園展望台可
以清楚看到長崎市區與港埠全貌。車抵風頭公園站，映入眼前，公
園的入口石碑上刻有「台灣新竹成功獅子會」字樣，使人感到格外
驚喜。

　　沿著山路兩旁，栽植許多各色繡球花的風頭公園，到訪時刻，
風和日麗，像是歡迎遠道而來的貴客一般，整座山彰顯無比明亮清
晰的日光，山頂展望台上，高4.8公尺的坂本龍馬銅雕像，抱著胳
膊，一副威風凜凜凝視長崎港灣的模樣，銅像下方一塊刻有司馬遼
太郎手書讚譽龍馬的石碑，字跡清晰易見；是的，這個豪爽的浪子
型男人，就該是這種神情，不落世俗形式的自由氣息，顯示出滿腔
革新性格的感覺，正是龍馬本色。

　　難得遇上郊遊好天氣，我和同行的女兒，一路尋索龍馬當年出
入山中串連成立「龜山社中」的形蹤影跡，到處所見，果然充滿幕
末遺留下來，不少的歷史舊痕。

風頭公園地景：長崎市JR車站東方約三公里，伊良林3丁目510-6風
頭山。

龍馬道上的歲月遺跡

那是一個屬於日本人景仰的偉大英雄的身影，卻是我來到長崎所見，一場美麗奇遇的畫影。

位於伊良林地區的風頭山，滿山遍布坂本龍馬在長崎的歷史遺跡，風頭公園以春櫻盛開，以及做為民眾放風箏的好去處而聞名。

以文學之姿表彰龍馬精神的司馬遼太郎的石碑，和大量拍攝幕府末期、明治維新初期著名的肖像寫真家上野彥馬的墳地都聚集在這一座巧小優雅的山林裡。

當今人們所能見到的，關於坂本龍馬的相片，全出自上野彥馬之手；上野彥馬如何認識坂本龍馬？坂本龍馬又為何選擇在風頭山成立「龜山社中」，莫非只是因為風頭山可清楚眺望到長崎市和長崎港的全貌？

話說，坂本龍馬進入勝海舟的勝塾，被委任為塾頭，龍馬同時還拉攏自己的親戚和熟人進入勝塾成為勝海舟的弟子，但好景不長，1864年10月，勝海舟被江戶幕府召回，失去權勢，坂本龍馬等人成為隨時都有可能被人追殺暗算的亡命之徒；就在不得已的情況下，坂本龍馬跟著名叫小松帶刀的人去到鹿兒島，幫忙從事運輸業。

1865年5月，坂本龍馬和他的一夥朋友開辦起海運公司，該會社所在地叫「龜山」，會社名稱便叫「龜山社中」。

上：龍馬道
中：龍馬道以坂本龍馬的畫像為指標
下：這是坂本龍馬曾經走過的長崎舊路

「龜山社中」被認為是日本第一家貿易株式會社，成立期間，得到當時薩摩藩的大力援助，其中，和勝海舟交情不錯的朋友也都對龜山社中的成立幫了不少忙。

　　「龜山社中」成立後，所接辦的第一件商事，就是協助當時的長州藩（今稱山口縣）和英國商人托馬斯進行交易，購買名叫UNION的船艦。

　　看來，坂本龍馬對於位在風頭山腰的「龜山社中」十分重視，也因為成立這一家日本第一的貿易株式會社，使得龍馬日後聯合各大藩從事大政奉還的活動，助益良多。

風頭公園的龍馬道

散步走進風頭公園的花間小道、山腰住宅小巷，甚而穿梭行走在長短寬窄不一的石階，到處得見以坂本龍馬的畫像做為指標的指示牌，彷彿龍馬曾經就在這些窄小的巷術石階上上下下出入。

那是一個屬於日本人景仰的偉大英雄的身影，卻是我來到長崎所見，一場美麗奇遇的畫影。

風頭公園龍馬道地景：長崎市JR車站東方約三公里，伊良林3丁目510-6風頭山。

日本最早的商社
龜山社中

「龜山社中紀念館」，完全將幕末時代的
原建築隔間，保留重建。

日本文獻資料說明，由坂本龍馬主導的
「龜山社中」係日本最早的貿易商社，除了
經營海運，在「薩長同盟」的談判中也占有
關鍵性地位。

話說1864年7月，長州藩在對幕府進攻
時，受到薩摩藩和會津藩的聯合攻擊，這時
的坂本龍馬認為，如果長州藩和薩摩藩這兩
個大藩不聯合起來，想要討伐德川幕府是不
可能的，於是，便和盟友中岡慎太郎一起在
兩個大藩之間奔走，進行斡旋活動。

1865年的年底，眼看時機成熟，長州
藩的統治者桂小五郎到京都會見已然掌握
軍權的西鄉隆盛；說起西鄉隆盛，據稱，
1851年初，西鄉隆盛曾接受藩主的祕密任
務，前往台灣探勘。他由琉球群島南下，抵
達基隆社寮島，發現有清兵駐守，於是轉往
東行，越過烏石港，從南方澳內埤一處沒
人看守的白砂海灘上岸。期間居住半年，
並與一位十七歲的平埔族少女「蘿茱」相
識，日本學者推測其大兒子太郎應該就在此
時產下，不過父子兩人並未相見，西鄉隆盛
即銜命返日。巧合的是，其子西鄉菊次郎
於1897至1902年曾赴台擔任首任的宜蘭廳
長。

上：在長崎百貨店展出的「龜
山社中」模型

右頁：由坂本龍馬首創，日本
最早的商社「龜山社中」，現
改為「龜山社中紀念館」

　　再說，聽聞桂小五郎到京都會見西鄉隆盛，坂本龍馬也於1866年1月抵達京都，當時的桂小五郎雖然得到西鄉隆盛隆重的接待，但兩大藩主都為個人面子，沒能針對結盟一事進行深入談判。後經坂本龍馬居中協調，雙方終於在同年1月21日達成薩長同盟，龍馬成了這個歷史時刻的見證人。

　　薩長同盟對後來的明治維新奠定重要的基礎，其中「龜山社中」的當家坂本龍馬所扮演的角色，成為主要關鍵。

　　「龜山社中紀念館」成立於2009年8月1日，完全將幕末時代的原建築隔間，保留重建，空間雖然不大，室內展示龍馬使用過的

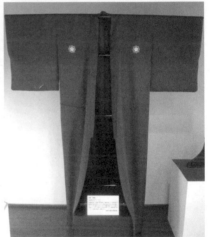

月琴、槍枝、刀劍、龍馬畫像、龍馬衣著，以及改建前的瓦礫，仍能讓人想見龍馬當時在此工作的情景。

「龜山社中紀念館」前，狹窄的「龍馬道」，漫步走過，別具一番清雅風味。

龜山社中地景：長崎市JR車站東方約三公里，伊良林3丁目510-6風頭山山腰。

左：「龜山社中」入口小徑
右上：「龜山社中紀念館」展出坂本龍馬使用過的刀槍
右下：「龜山社中紀念館」展出龍馬穿過，同款樣的衣著

龍馬の人之世道

龍馬開創了日本新婚夫婦兩人蜜月旅行的
先驅。

就在「龜山社中紀念館」入口處斜對面
的「龜山社中資料展示場」，內部展示有龍
馬的照片和相關史料，包括龍馬寫給姊姊的
信件真跡，以及各種與龍馬相關的紀念品販
售。

鄰近資料展示場不遠處，置放有一雙可
以眺望長崎港灣，與龍馬穿過的同款鞋子的
雕像，這雙銅製的巨鞋，如今成為拍攝長崎
和龍馬傳奇故事，最具代表性的標誌。

由明治維新志士坂本龍馬創建於1865
年的「龜山社中」，經過復原，成為「長崎
市龜山社中紀念館」。「龜山社中」被認為
是坂本龍馬在長崎策劃改變日本歷史的重要
地點，復原後的建築，可以見到坂本龍馬曾
經靠過的「龍馬柱」，以及他使用過的手槍
和複製的書信手稿。

上：「龜山社中資料展示場」
外頭的坂本龍馬銅製巨靴

說起坂本龍馬和他的妻子楢崎龍，兩人
關係的發展，起源於一場暗殺龍馬的寺田屋
事件。

據說，坂本龍馬促成薩長同盟後，回到
京都住所，晚上還在二樓和三吉慎藏深談，
這時，寺田屋主人的養女楢崎龍發現屋外有
異動，正在洗澡的她，顧不得身上沒穿衣
服，便匆忙跑到樓上告知龍馬，龍馬果然發

上：「龜山社中資料展示場」展出龍馬相關史料
下：「龜山社中資料展示場」的展品

左：「龜山社中資料展示場」解説員講解坂本龍馬的史事
右：「龜山社中資料展示場」展出龍馬名言

現屋外有伏見奉行所的人，正包圍寺田屋；龍馬和三吉慎藏立即取槍殺出血路逃跑。後來，龍馬在薩摩藩官邸養傷時，得到楢崎龍的照顧，心存感激，兩人便結為夫妻。

不久，他們得到遠在薩摩藩的西鄉隆盛和小松帶刀的邀請，開創了日本新婚夫婦兩人蜜月旅行的先驅，2月29日經大阪搭乘三邦丸，3月7日到達下關、巖流島，3月10日到鹿兒島，在吉井幸輔的導遊下，遊玩了日當山、鹽浸和霧島等地。

離開鹿兒島，楢崎龍跟隨坂本龍馬來到長崎，留在那裡學習月琴，龍馬則率領龜山社中的同伴，參與長州海軍和幕府軍隊的戰鬥，戰後，坂本龍馬遇到對他人生影響極深的後藤象二郎，後藤除了免除他兩次脫藩之罪，還替他購買船票，並委任他擔當土佐海援隊的隊長。

展場不大的「龜山社中資料展示場」，即公開展覽諸多關於坂本龍馬擔任土佐海援隊長的照片，以及相關遺物。其中，最可貴的當屬龍馬寫給小時對他照顧有加的姊姊的手書信件。

龜山社中資料展示場地景：長崎市JR車站東方約三公里，伊良林風頭山，龜山社中斜對面。

若宮稻荷神社

龍馬‧參拜

所見苔蘚滿佈在石階上的若宮稻荷神社，
立有一尊坂本龍馬的小銅像。

　　有關成立「龜山社中」一事，日本的
史書如是寫道：「薩摩藩的城代家老小松帶
刀在接受勝海舟的囑託，同意保護龍馬等塾
生之後，即看重龍馬的航海術專長及商業能
力，決定出資讓龍馬等人於慶應元年（1865
年）6月組成『龜山社中』，實即從事類似近
代公司形式的商業活動組織，以當時商賈聚
集的長崎為根據地，並以薩摩藩的名義購入
武器彈藥。為了方便貿易活動順利進行，龍
馬分別在長崎的小曾根英四郎家、下關的伊
藤助太夫家、以及京都的酢屋設置辦事處。

　　龜山社中的成立，除了著眼於進行商業
活動以賺取利潤之外，也有協助當時勢如水
火的薩長兩藩和解的目的在內，最終更對後
來薩長同盟的成立做出貢獻。由於長州藩倒
幕急先鋒的立場，幕府對於國外勢力向長州
進行武器彈藥類貨物的交易採取全面禁止的
態度，導致長州難以獲得現代化的兵裝；另
一方面，薩摩藩則為籌措糧食用米感到十分
苦惱。

　　此時，龍馬即提出了以薩摩藩的名義購
入武器，再祕密轉賣給長州藩，作為回報，
長州則回饋以薩摩所缺少的食糧用米，採行
雙贏策略。

上：以朱紅為主色的若宮稻荷
神社

左下：若宮稻荷神社本堂
右下：位於「龜山社中資料展
示場」鄰近的若宮稻荷神社

212

至於實際執行交易接洽及貨物運送，則由龜山社中的成員及船隻負責。此一策略，不但解決了兩藩各自的燃眉之急，自然很快得到雙方首肯，成為薩長和解最初的契機。以薩摩藩名義替長州藩所購置的武器當中，更包含了於慶應2年（1866年）交付給長州藩的英國製木造蒸汽船『乙丑丸』，此一船艦，後來在幕府所發動的第二次征長之役當中發揮了極大作用。」

　　從新建復原的「龜山社中紀念館」，到「龜山社中資料展示場」，再到「龍馬銅靴展望台」，有關坂本龍馬出現在風頭山的歷史景點，幾乎集中於此；至於坐落在「龍馬銅靴展望台」後方的若宮稻荷神社，據稱也是龍馬常出現參拜的古老寺院。

　　所見石階上滿布苔蘚的若宮稻荷神社，立有一尊比起風頭山頂小許多的坂本龍馬銅像，供遊客賞覽。只是不知到若宮稻荷神社的香客究竟是為參拜神明，還是為觀賞龍馬的雕像而來？

　　走進神社，竟發現陽光普照的風頭山，這一座樹蔭遮天的寺院，四周飄送的清涼微風，恰可撩起旅人幾許舒暢的淡淡快意。

上：置放在若宮稻荷神社庭院的坂本龍馬雕像
下：坂本龍馬雕像說明文

右頁
上：四國高知縣坂本龍馬紀念館，龍馬和後藤象二郎都出生高知縣
下：四國高知縣以坂本龍馬之名命名的「高知龍馬空港」

若宮稻荷神社地景：長崎市JR車站東方約三公里，伊良林風頭山，龜山社中右側山路旁。

眼鏡橋遇見
龍馬與彥馬

長崎的眼鏡橋、江戶的日本橋,以及岩國的錦帶橋,曾被列為日本三大古名橋。

　　從風頭山漫步下山到長崎市區,距離很近,順著龍馬道,走到「公會堂前」汽車站牌前,在地圖中找到龍馬每次到「龜山社中」必經的眼鏡橋。這座建造在中島川上,日本最古老的石造拱橋,映在水面的倒影,果真像一副大型眼鏡。

　　寬永11年(1634年),興福寺的第二代住持為了讓神轎隊伍能順利而風光入寺,特別跟隨葡萄牙人學習造橋技術,之後,蓋起這座在當時被列為最稱頭、最耐用的石橋。一直到了近代,長崎的眼鏡橋、江戶的日本橋,以及岩國的錦帶橋,曾被列為日本三大古名橋。

　　這座名橋於昭和57年(1982年),差點被大洪水沖壞毀損,目前所能見到的橋身,則是後來重修的新橋,日本寫真先驅上野彥馬早就為這一座橋留下最初的珍貴畫面;人們為了紀念出生長崎的上野彥馬,也在眼鏡橋畔為他和坂本龍馬立下一座銅雕石碑像。

　　上野彥馬生逢日本近代史上最激盪人心的「幕末維新」時代,他以自修方式學習荷蘭語,並學會相關於攝影的化學原理與攝影技術。1862年,他在出生地長崎中島

上：石造的眼鏡橋映在水面的倒影，果真像一副大型眼鏡

1. 勝海舟
2. 中野健明
3. 中島信行
4. 後藤象二郎
5. 江藤新平
6. 大木喬任
7. 井上馨
8. 品川弥二郎
9. 伊藤博文
10. 村田新八
11. 小松帯刀
12. 大久保利通
13. 西郷隆盛
14. 西郷従道
26. 中岡慎太郎
27. 大隈重信
28. 岩倉具綱
29. ウィリアム
30. フルベッ
31
34. 大村益次郎
35. 桂小五郎
36. 江副廉蔵
37. 岩倉具経
38. 岩倉具慶
39. 広沢真臣
40. 明治天皇
41. 岡本健三郎

19．鮫島誠藏
20．五代友厚
21．寺島宗則
22．吉井友實
23．森有禮
24．正岡隼人
25．陸奧宗光

33．橫井小楠

43．坂本龍馬
44．日下部太郎
45．橫井左太平
46．橫井太平

川畔開設了日本第一家「上野攝影局」，為當時奔走於推翻幕府，推動維新的志士們留下不少影像，尤其坂本龍馬被拍的照片特別多，也特別著名。

上野彥馬眾多以人物肖像為主題的攝影作品中，一張聚集了眾多當年參與推翻幕府，推動維新運動的人物，在英語學院拍攝的合照，最令人嘖嘖稱奇，這張照片幾乎包羅日本幕末維新這段時期所有的知名人士，如：明治天皇、勝海舟、坂本龍馬、伊藤博文、西鄉隆盛、後藤象二郎、陸奧宗光、大久保利通、高杉晉作、桂小五郎、小松帶刀、中岡慎太郎等46位；這一張相片，像是凝聚日本之所以能在後來成為亞洲近代史上第一強權的意志。這種難得聚合的機緣，想來也只有上野彥馬這位日本第一的寫真攝影家才能辦到。

攝影界的專家認為，日本引進濕板攝影術是在安政年間，從長崎、橫濱、函館這三個開港地開始，也即是幕府末期，西歐新文化

上左：建造在中島川上的眼鏡橋，是日本最古老的石造拱橋之一
上中：眼鏡橋畔的詩歌碑
上右：眼鏡橋畔的坂本龍馬與上野彥馬雕像

下：上野彥馬最重要的作品之一，這張照片聚集了明治維新前，46 位名人的留影

左：日本攝影始祖上野彥馬
有關眼鏡橋的攝影作品
上右：幕末攝影家上野彥馬
出生於中島川畔

的濕板攝影術被導入初期，由一批愛好攝影的各藩荷蘭學者進行相
關濕板攝影術的研究。之後，在長崎的松本良順、前田玄造、上野
彥馬、古川俊平等人，都受到波片的指導，才開始把攝影術運用作
為職業。文久2年（1862年），橫濱的下岡蓮拐杖與出生長崎的上
野彥馬，相繼開業後，日本才首開攝影業的先例。總之，「東方有
下岡蓮拐杖，西方有上野彥馬。」的說法，證明當時這兩位攝影師
在幕末時期與明治初期，用攝影和照片見證改變中的日本歷史，影
響頗具深遠。

眼鏡橋地景：長崎市公會堂對街右側巷內。

開創航海事蹟的
土佐商會社

龍馬被砍三刀,當即死亡,生死同一天,
得年33歲。

坂本龍馬被後藤象二郎委任擔任土佐海
援隊的隊長。日本歷史小說寫道:「相較
於龜山社中是在薩摩藩的資助下進行航運活
動,海援隊則是在福岡孝弟及後藤象二郎等
土佐藩重臣的推舉下所成立,性質上可謂
土佐藩的外圍組織,龍馬於慶應3年(1867
年)4月上旬就任土佐海援隊的隊長,同時
期中岡慎太郎也組成了陸援隊。依照海援隊
約規的內容視之,海援隊的主要目的是在於
吸收自土佐藩或他藩的脫藩者當中,對於海
外事務有志向的人,進行運輸、開拓、營
利、投機等商業活動,以援助土佐藩的藩
務。龍馬的夢想是將土佐海援隊擴展成足跡
遍及全世界的組織。

海援隊成立之初,發生了『伊呂波丸事
件』,伊呂波丸是海援隊向大洲藩籍船主所
商借的蒸汽船,於慶應3年4月23日晚上,在
瀨戶內海與紀州藩的明光丸,發生衝撞,由於
明光丸體積較伊呂波丸龐大許多,導致伊呂
波丸最後沉沒。後來龍馬本著『萬國公法』
(日本對國際公法的舊稱)向紀州藩請求賠
償,最後紀州藩同意支付七萬兩做為賠償。

龍馬對於海援隊的情感及期望,也許可
以在以下的傳聞中得到最充分的表達。正當

221

上:位於中島川中央橋畔的土佐商
會跡
下:土佐商會跡旁「夕顏丸」號的
船艦模型

大政奉還之際，西鄉隆盛委託龍馬製作新政府主要官員的名冊，而當龍馬將做好的名冊交給西鄉時，西鄉卻發現龍馬沒有將他自己的名字列入。西鄉問他，如果不在新政府中任職，將來打算做什麼，龍馬則爽快回答：『想要組織世界性的海援隊』。以上對話，據說是由當時在場的陸奧陽之助（即日後的外務大臣陸奧宗光）所證實。」

當前，屬於海援隊發祥地的土佐商會跡，地點就在中島川中央橋與中央通之間的河畔，舊跡立有成立說明碑文與夕顏丸號的雕像，作為紀念。

再說1867年時，坂本龍馬由海員隊的文書長岡謙吉陪同，與後

左上：百貨公司展出坂本龍馬搭乘「夕顏丸」號船艦
左下：京都近江屋舊址，坂本龍馬與中岡慎太郎遭難地
右上：與坂本龍馬一起在京都遭暗殺而亡的中岡慎太郎
右下：土佐海援隊的隊員
右頁：京都円山公園的坂本龍馬與中岡慎太郎雕像

藤象二郎一起搭乘土佐藩船「夕顏丸」離開長崎，前往兵庫；船行中，龍馬向後藤象二郎提出不少見解，大意是說：「趁和平時期把政權還給朝廷。」這些談話的草擬記錄由岡謙吉整理，成為後來著名的「船中八策」。

坂本龍馬向後藤象二郎提出的「船中八策」，最後獲得幕府將軍德川慶喜的認可，並於1867年10月14日向朝廷上表大政奉還之意；這時，討伐幕府派的薩長兩藩等人共同策劃，從朝廷那裡拿到討伐幕府的秘詔，聚兵京都，顯示武力。

身為大政奉還主要推手之一的龍馬，從越前回到京都之後，借

京都靈山護國神社的坂本龍馬墓所

住在河原町一位醬油商的近江屋裡；就在夢想已久的新世界即將實現之際，慶應3年（1867年）11月15日龍馬生日當天，遭人暗殺。遭暗殺當晚，他正在近江屋二樓與來訪的陸援隊長中岡慎太郎密商，刺客經考證是京都見迴組的人馬，他們偽裝成十津川鄉士來拜訪龍馬，先是從背後刺殺劈倒帶路的僕人藤吉，再趁龍馬與中岡對坐談話，不及反應的當下予以襲擊，一刀劈中，龍馬被砍三刀，當即死亡，生死同一天，得年33歲；中岡則被砍殺11刀，於兩天後斷氣而亡，得年30歲。

龍馬和中岡遭暗殺後24天的12月9日，王政還朝的號令發出，日本正式進入明治維新時代。坂本龍馬也由明治維新後的新政府追贈正四位。

左：坂本龍馬的家紋（家徽）

土佐商會社跡地景：長崎市中島川中央橋畔。
龍馬與中岡遇刺地景：近江屋，京都市四条河原町鬧區，現為circle-k的便利商店。

船中八策大政奉還

手槍只能殺傷敵人，《萬國公法》卻可以振興日本！

德川慶喜

慶應2年（1866年）6月，由幕府展開的第二次征長之役，總計投入超過十萬人的兵力，由於長州藩的軍隊配備有新式的西式火器，相較之下，幕府軍的兵備老舊，最終仍不敵長州軍連戰連勝。由於戰況不順，擔任幕府軍總指揮的14代將軍德川家茂，在不堪連日勞心勞力下，於慶應2年7月19日病亡，結束了21歲的短暫人生，第二次征長之役就此劃下休止符。

家茂死後，身為將軍後見職的一橋慶喜，自然成為就任德川家第15代將軍的最佳人選，但慶喜卻不願在這時貿然接下將軍一職，只願意繼承德川宗家的地位。他心中盤算必須等到諸國大名都低頭求他繼任將軍，才以高姿態就任，就這樣延宕了近五個月時間，慶喜才於慶應2年12月5日在天皇的敕命下，接下將軍一職。就任後，即刻展開一連串財政、兵制、人材的幕政改革，成為人們口中的名將軍，甚至有人將他比喻為德川家康再世。

就在慶應3年6月9日，龍馬與土佐藩參政後藤象二郎一起乘坐藩船夕顏丸從長崎出發前往兵庫，船行中，龍馬向後藤娓娓道出日後新日本的政治綱領，內容為：

上：「大政奉還」促成後來的明治維新（邨田丹陵繪）
中左：德川家第15代將軍德川慶喜
中右：日本NHK電視台年度大戲「龍馬傳」的主角坂本龍馬，由福山雅治飾演
下：「龍馬傳」電視劇使用的船艦「夕顏丸」

1. 將政權歸還給朝廷，政令由朝廷統一發出。也即大政奉還。
2. 設立上下議政局，配置議員以參詳重大政事，政事應由公議決定。也即召開第一次帝國議會。
3. 延攬有能力的公卿諸侯各地人才，以為顧問並賜予官爵，並將向來有名無實的官位剔除。也即採行內閣制。
4. 與外國之交往應廣泛採納公議，並致力成立適當合宜的條約。也即廢除治外法權。
5. 折衷參考自古以來的律令制度，撰寫新的法典。也即制定大日本帝國憲法。
6. 設法擴張海軍。也即陸海軍省的設置。
7. 設置禦親兵以守衛帝都的安全。也即近衛師團的設立。
8. 應就金銀物價與外國訂立平準之法則。也即回復關稅自主權。

　　以上八項維新綱領：「大政奉還」、「開設議會」、「官制改革」、「條約改正」、「憲法制定」、「設置海軍」、「禦親兵」、「通貨政策」，就是坂本龍馬聞名於世的「船中八策」，以及日後維新政府治國綱領的藍本。

　　可惜，發想這些治國策略的龍馬，未及親眼目睹政策施行，便遭異議人士謀刺而亡。

坂本龍馬在日本人心目中的形象是個不為過去所拘泥，永遠走在時代前端的人。有一則關於龍馬的軼事：有一次，坂本龍馬對土佐勤王黨成員檜垣直治說：「今後在室內亂打亂鬥的情況會越來越多。我喜歡小太刀，小太刀靈活，比太刀實用。」之後，直治帶了小太刀來見龍馬，龍馬卻掏出一柄手槍，說道：「這比小太刀更具威力。」坂本龍馬拜勝海舟為師後，有一天，直治帶了把槍來見龍馬，這次龍馬卻拿出一部有關國際法的書《萬國公法》，並說道：「手槍只能殺傷敵人，這本書卻可以振興日本！」

　　位於中央橋畔中央通內的坂本龍馬館，即以影像回顧長崎港的興起，以至於坂本龍馬在長崎活動的相關資訊，由是，「夕顏丸」遂成為長崎和龍馬的主要象徵。

左頁：大政奉還所在地京都二条城　　上右：龍馬館展出坂本龍馬的衣著
上左：長崎龍馬館　　　　　　　　　下右：長崎商店街到處可見以龍馬之名販賣
下左：長崎龍馬館在中央橋邊的中央通　　　各類相關商品

長崎の龍馬館地景：長崎市中島川中央橋畔中央通商店街內。

福砂屋或文明堂的蛋糕

葡萄牙商人為了能進入日本做生意,便將西班牙Castilla王國招待貴賓的蛋糕拿來做為貢品。

人生本是一場夢,若不去實現,終究只是夢想。

勇於實現夢想的坂本龍馬,便是那種「越是勇於面對死亡,便能愈加感受到活著的快樂與幸福」的人。由於他短暫三十三年的人生歲月,始終懷抱著紅葉將最璀璨的生命,在最重要的季節,獻給樹幹,然後以火紅之姿消失的情操,日本的歷史才得以在重要時刻,做了最重大的改變。沒有龍馬的大政奉還,就不會有船中八策;沒有船中八策,就沒有明治維新;沒有明治維新,何來今日全面現代化的日本?

上:小曾根邸當年為坂本龍馬和龜山社中人員聚會場所
下:位於大波止港邊的文明堂蛋糕總本店

右頁
左:文明堂蛋糕店
右上:文明堂製作的長崎蛋糕
頁右下:文明堂長崎蛋糕

　　平安時代的《平家物語》，在平軍被源軍追殺的重要時刻，九州人拒斥讓落敗的安德天皇一族進入領地，終至平家在關門海峽慘敗而亡；相對於坂本龍馬來到九州的長崎，因為門戶大開，反而接受到更多新事物、新思維，繼而帶領日本走向改革之路。

　　十七世紀，葡萄牙的傳教士和商人遠渡重洋來到長崎，這些異族同時為當地帶進建築、攝影、宗教、玻璃、煙草、麵包等新知，對當地人的生活帶來求新的契機。

　　提到大阪，人們馬上聯想到大阪燒；提到廣島，人們毫無異議的想到原子彈；提到博多，人們隨即想到博多拉麵；提到北海道，人們的腦海便出現薰衣草原；提及長崎，人們不由分說的立刻想到長崎蛋糕。這不是常識問題，是一種自然而習以為常的聯想。

　　長崎蛋糕最早起源於西班牙的Castilla王國，是貴族皇室做為國宴饗客或招待使節，表達最隆重敬意的一種甜點。大約在16世紀，當時的德川幕府採取鎖國政策，僅局部開放長崎等少數港口，做為外國船隊訪日的起點。葡萄牙商人為了能進入日本做生意，百般設法想要面見天皇，便將過去Castella王國招待貴賓的精緻蛋糕做為貢品，這種特殊香甜氣息與綿密口感的甜品，立即博得天皇讚賞。葡萄牙商人更大量製造這種糕點，在街上分送給原本即喜愛甜品的日

本民眾。

　　用砂糖、雞蛋、麵粉作成的蛋糕大受歡迎，日本人問葡萄牙人：「這是什麼東西？」葡萄牙商人回答：「這是一種從Castilla（葡音：Castella）王國傳來的甜點。」從此，日本人誤將「Castella」當作甜點的名字流傳下來，這就是長崎蛋糕「Castella」名稱的由來。

　　長崎蛋糕流傳至今，福砂屋、松翁軒、文明堂，這三家老店是長崎蜂蜜蛋糕在日本最富盛名的「御三家」，其中「福砂屋」創業於寬永元年（1624年），被認定為日本長崎蛋糕發展時間最長久的老字號名店。

　　NHK大河劇「龍馬傳」第三十回的劇情描述：一日，和龍馬一樣出生四國高知縣，外號叫「饅頭屋長次郎」的近藤長次郎攜帶一只神祕的籃子來到小曾根邸。當他打開籃子，原來是長崎小吃Castella，坂本龍馬和龜山社中的成員嚐了一口後都讚不絕口，連聲叫好，有人提議不如開設一家Castella店維生。說著，社員便跟著長次郎前往一間Castella賣店，偷看人家如何製作Castella，長次郎則在一旁負責抄錄材料和作法。回到小曾根邸，社員分工合作，按材料、份量、時間和步驟，合力把完成的Castella放入煮飯的鐵鍋裡蒸煮；不久，Castella蒸熟，眾人咬下一口，表情顯得苦澀不已，連龍馬都開始擔憂社員想開一間Castella店的想法，能否順利達成。

左：位於長崎市船大工町丸山公園附近，長崎蛋糕始祖福砂屋本店
右：白水堂和菓子店

文明堂地景：長崎市中島川中央橋畔中央通商店街內，或長崎港口大波止「文明堂」總本店。

長崎上空落下第二顆原子彈

時鐘的指標停止在上午11時2分,一朵巨大的蘑菇雲翻滾而起,直衝藍天。

　　出身草莽的坂本龍馬在京都近江屋遭刺遇難後,明治維新開始,西鄉隆盛成為「維新三傑」第一人,聲望如日中天,後因征韓論、藩的意識強烈、非尊皇者,而遭多次流放,卻也成為舊士族的捍衛景仰者。昔日為功臣,今日卻成為叛徒的西鄉,曾於九州熊本舉兵,伊藤博文上諫天皇派敕使安撫西鄉,西鄉不為所動,執意一戰;政府遂派遣曾因弊端為西鄉所救的山縣有朋,先是攻打西鄉後勤鹿兒島,後在城山下令總攻擊,西鄉被流彈擊中,村田新八村從背後將西鄉抱起,西鄉說道:「被中要害,不可得救,請斬之!別府!別府何在?」忠僕別府晉介找來醫生急救,西鄉卻命令別府速速斬之,別府不得不從,便揮淚斬西鄉。

　　西鄉僕人將西鄉首級藏了起來,不久後被尋覓,山縣有朋見到西鄉首級時舉手敬禮,嘆道:「嗚呼!真好死樣,與平生溫和的容貌毫無二樣,使我輩兩百數十日間,一日不安心者,以西鄉在也。今日我心終於安下;西鄉為天下英雄也,知我者莫若西鄉翁,知西鄉翁者莫若我矣。使西鄉至於今日,千古為之遺憾。」西鄉隆盛後來被葬於鹿兒島淨光明寺山丘。

上:長崎原爆資料館
中:長崎原爆資料館入口處
下:長崎原爆資料館展覽室

長崎原爆資料館內部造型

左：長崎原爆後，一朵巨大的蘑菇雲翻滾而起，直衝雲霄

中：長崎原爆後呈現一片廢墟殘骸

右：長崎爆心地一片慘狀

　　曾經說過：「生，是死之始；死，是生之終。不生則不死，不死則不生，生固生，死亦生，生生之謂易。」的西鄉隆盛，於明治7年（1874年），琉球王國船難者遭台灣原住民殺害，為了安撫士族情緒，贊成日本第一次海外出征，攻打台灣屏東恆春半島牡丹社的軍事行動，造成隨後日清兩國外交折衝的西鄉隆盛；1895年日清甲午戰爭，形象被拿來鼓吹成為戰神的西鄉隆盛；第二次世界大戰前，被日本人奉為精神崇拜者的西鄉隆盛，究竟屬於亂臣賊子，還是英雄？

　　1867年王政復古，幕府將軍德川慶喜被迫上表「大政奉還」，江戶時代結束。之後的明治維新，大量武士（維新後改稱「士族」）失業，造成極大的社會問題。西鄉隆盛等人適時提出「征韓論」，企圖以擴張海外勢力來解決內政問題。但征討朝鮮半島屬於外交上的難題，未獲內閣閣員支持，最後造成西鄉隆盛等征韓派官員下野。

　　另一個不同於西鄉隆盛尊天敬地情操的維新人物福澤諭吉，從早期以自著的《勸學篇》為日本革新運動的啟蒙，卻在日清甲午戰爭，背叛自己天賦人權的精神，轉而迎合日本帝國擴張軍權，並向國內的權威政治妥協，強硬主張「獨立自主」的思維。

　　把台灣視為日本帝國的海外殖民地處理與看待的福澤諭吉，曾在他的「脫亞入歐」論調中說道：「我日本的國土雖然位於亞洲東邊，可是國民的精神已經擺脫亞洲的固陋，移向西方文明。然而，不幸的是，近鄰有兩個國家，一個是支那，一個是朝鮮。據我的觀察，在當今西風東漸之際，這兩國很難維持其獨立。如果很幸運地，這兩國出現開明志士，像我國的維新一樣大刀闊斧的從事改革，一新全國人心，那就另當別論。如果不是這樣，不出數年，這

左：長崎原爆中心
點紀念碑

中：長崎原爆後，
傾圮倒塌的教堂

右：位於日本東京
上野公園的西鄉隆
盛塑像

兩國必將亡國，而且國土也將被世界各文明國家分割。」

　　將日清甲午戰爭比喻為「文明與野蠻的戰爭」的福澤諭吉，開始背棄自己在《勸學篇》中的「平等價值」之論，更以「脫亞入歐」的學術觀點，影響日本在第二次世界大戰中，強行以大東亞共榮圈為由，進行侵華與侵犯南洋各國的戰爭之實。

　　第二次世界大戰末期，由遠東地區盟軍的美軍對日本長崎市所發動的核武攻擊，發生於昭和20年（1945年）8月9日，這是人類歷史上第二次於戰爭中使用核武器，當時從上空投下的第二顆原子彈，如一道白光劃破長崎天際，一朵巨大的蘑菇雲翻滾而起，直衝藍天。屬於Mk-3型的胖子原子彈爆炸之後，時鐘的指標停止在上午11時2分，使得長崎市24萬的人口，死傷達148,000人，建築物約有36%受到全面燒燬、破壞。市容遭損，壯麗的天主堂成為廢墟殘骸，屍首破碎遍野，熔化了的玻璃瓶，至今仍靜靜地訴說這一場戰爭帶來的悽厲悲劇。美軍轟炸長崎，迫使日本向盟軍無條件投降，1945年8月15日，昭和天皇透過廣播，放送終戰詔書，第二次世界大戰始告結束。

　　1901年死於腦溢血，生前強烈以感情性介入時政的福澤諭吉，可曾預料到，他倡議的民族意識，直接或間接的讓維新之後的日本，於施行軍國主義時，竟會在「保護國體」的連串戰爭中造成如此慘絕人寰的結局？

　　可以這樣說，作為日本當時精神導師的福澤諭吉，在推動日本走向侵略之路的問題上，確實難辭其咎。

長崎原爆資料館地景：長崎縣長崎市平野町7番8號平和會館。

戰爭終結在傾圮倒塌的教堂下

諸行無常，是生滅法，生滅滅已，寂滅為樂。

上：長崎平和公園的折鶴之塔，象徵「人類的慈愛心」

　　被喻為日本近代第一位軍國主義理論家的福澤諭吉，曾在他的「脫亞入歐」論調中表明：「對待支那、朝鮮的方式，不可因鄰國之故而特別客氣。西洋人怎麼對待他們，我們就怎麼對待他們。與惡友親近者免不了會沾上惡名。我們應謝絕亞洲東方的惡友。」1894年，他更在〈台灣領有論〉中提出台灣割讓日本的理由，他說：「我不是說為了日本的方便要掠取台灣，而只是為了我國邊境沖繩的安全，要根除支那人的野心而已。這也是戒備邊境的正當防衛手段之一，希望世人不要忽視這種軍國的大道理。」

　　1895年4月17日，日清兩國於下關春帆樓簽訂「馬關條約」後，一向否定打敗明朝而建立清朝的「夷狄」所代表中華的正統地位的福澤諭吉，認為將由日本取而代之，並以「華」自居。他曾在給友人山口廣交的一封信中，透露出心中的喜悅，寫道：「這次的戰爭實在是空前的一大快事，吾人有此壽命才能看到這幕戲。我自年輕時學習西洋學以來，不顧世間的毀譽，大膽批評舊學者，說他們一無是處，主張立國的大本唯有西洋文明一途。這麼長的歲月中，我喋喋不休地議論，心中雖然有所期待，卻不認為在有生

236

上：由日本知名雕刻家花費五年完成
的平和銅像
下：長崎原爆資料館前的平和雕像

右頁：長崎原爆資料館前的和平詩歌
石碑

之年能見到美夢成真。沒想到現在真的看到這件盛事,看到鄰國的支那與朝鮮即將被包羅在我文明中。這實在是我畢生最愉快的事。」

　　福澤諭吉畢生最想見到的盛事,台灣終被日本統治了五十年,隨後日本又讓這塊被福澤諭吉斷言為:「氣候溫暖、物產豐富,今後極有希望,若以陸海軍防衛;同時用正直的政令保障生命財產,使內外人士安居樂業,必可帶來繁榮。」的美麗土地,隨著美國投下第二顆原子彈炸毀長崎,日本向聯合國遠東戰區的美國盟軍統帥投降,第二次世界大戰宣告終結,而陷入假象的「光復」亂局之中。不久,「舊金山對日和約」簽訂,該約規定,日本放棄台灣與澎湖群島,並未規定台灣主權歸屬他國。自此,台灣不獨在國際間成為身分未明的亞細亞孤兒,更導致蔣氏流亡政府來台後的政權,扭曲歷史,刻意掩蓋真相,致使台灣長期深陷在一片統獨難理莫辨、政客群聚的內鬥紛爭中。

　　走在長崎平和紀念公園的祈念像前，見石碑上的刻文寫著：「1955年的8月，也就是長崎原子彈爆炸的10周年紀念，長崎市的公民建立了這座雕像，以紀念原子彈摧毀這座城市的事件。建立這尊雕像的目的，主要在呼籲『世界永遠和平』，並祈禱『悲劇永遠不再發生』。」

　　由日本知名雕刻家Seibo Kitamura先生花費五年時間完成的平和銅像，高達10公尺。銅雕人像的右手指向天，意味「由天而降的核武威脅」；左手平伸，象徵「一片安詳與世界和平」；雕像的體格結實、表情沉穩、雙眼緊閉，在在流露出對「受難者」的悲憫情懷。那盤起的右腳，代表「進入冥想」的境界；至於平穩垂放的左腳，則代表持續對人類的慈愛心。

　　望著平和紀念公園裡的銅雕人像，不禁再度想起《平家物語》書中所云：「遠考異國史實，秦有趙高，漢有王莽，梁有朱異，唐有安祿山，皆因不遵先王法度，窮奢極欲，不聽賢者之諫勸，不領悟天下將亂之徵兆，無視民間之疾苦，所以很快就滅亡了。近察本朝事例，承平之平將門，天慶之藤原純友，康和之源義親，平治之藤原信賴等，其驕奢淫逸之心，強橫暴虐之事，雖各不相同，然其絕滅之結果卻是一樣。」這話不正明示軍國主義欲求擴張國權走向戰爭，必定不會有好結果嗎？

左：長崎原爆資料館前的平和石碑
右：長崎原爆資料館前的平和母子雕像

平和紀念公園地景：長崎縣長崎市平野町7番8號平和會館上方。

本書寫作參考資料

平家物語（日文版）	市古貞次 著	小學館
平家物語（中文版）	宮尾登美子 著　孫智齡 譯	遠流出版
日本文學導遊	林水福 著	聯合文學出版
武士	遠藤周作 著　林水福 譯	麥田出版
日本物語	謝鵬雄 著	台灣商務印書館
平家物語圖典（日文版）		小學館
平家物語圖典（中文版）	葉渭渠 譯	八方出版
平家物語を歩く（日文版）	見延典子 著	山と溪谷社
源平之亂と平家物語（日文版）	上橫手雅敬 著	角川書店
源平の盛衰（日文版）	上橫手雅敬 著	講談社
義經の登場（日文版）	保立道久 著	日本放送出版協會
圖說宮本武藏（日文版）	戶部新十郎 著	河出書房新社

長崎風頭山若宮稻荷神宮旁鳥居

國家圖書館出版品預行編目（CIP）資料

尋訪美文裏的美景：循著《平家物語》遊日本 陳銘磻著.
-- 第一版. -- 臺北市：樂果文化, 2016.03
　　面；　公分. --（樂繽紛；33）
　ISBN 978-986-92792-3-9(平裝)

1. 旅遊文學 2. 日本

731.9　　　　　　　　　　　　　105002026

樂繽紛 33

尋訪美文裏的美景：循著《平家物語》遊日本

作　　　　者／陳銘磻
總　編　輯／陳銘磻
行 銷 企 劃／黃文秀
封 面 設 計／張一心
內 頁 設 計／洪明慧

出　　　版／樂果文化事業有限公司
讀者服務專線／（02）2795-3656
劃 撥 帳 號／50118837 號　樂果文化事業有限公司
印　刷　廠／卡樂彩色製版印刷有限公司
總　經　銷／紅螞蟻圖書有限公司
地　　　址／台北市內湖區舊宗路二段 121 巷 19 號（紅螞蟻資訊大樓）
　　　　　　　電話：（02）2795-3656
　　　　　　　傳真：（02）2795-4100

2016 年 3 月第一版　定價／ 300 元　ISBN 978-986-92792-3-9